财务报表分析与企业价值

罗尾瑛◎著

时代文艺出版社

图书在版编目（CIP）数据

财务报表分析与企业价值 / 罗尾瑛著. -- 长春：时代文艺出版社, 2023.12
 ISBN 978-7-5387-7400-9

Ⅰ.①财… Ⅱ.①罗… Ⅲ.①会计报表－会计分析②企业－价值论－研究 Ⅳ.①F231.5②F270

中国国家版本馆CIP数据核字(2024)第016613号

财务报表分析与企业价值
CAIWU BAOBIAO FENXI YU QIYE JIAZHI

罗尾瑛　著

出 品 人：吴　刚
责任编辑：初昆阳
装帧设计：文　树
排版制作：隋淑凤

出版发行：时代文艺出版社
地　　址：长春市福祉大路5788号　龙腾国际大厦A座15层　（130118）
电　　话：0431-81629751（总编办）　　0431-81629758（发行部）
官方微博：weibo.com/tlapress
开　　本：710mm×1000mm　1/16
字　　数：200千字
印　　张：13.5
印　　刷：廊坊市广阳区九洲印刷厂
版　　次：2023年12月第1版
印　　次：2023年12月第1次印刷
定　　价：76.00元

图书如有印装错误　请寄回印厂调换

前 言

世界经济形势的变化和现代科学技术的飞速发展，尤其是现代信息技术的快速应用，给企业的管理带来了一场很大的变革。

随着我国市场经济的不断发展和完善，人们日益认识到财务报表分析的重要性。通过分析企业的财务报表，能够评价企业过去的经营成果、衡量企业目前的财务状况，进而预测企业未来的发展趋势。这将有助于管理层及财务报表使用者做出正确的经营管理决策和投资决策，提高企业经营管理水平。财务报表能够在一定程度上反映企业的财务状况、经营成果和现金流量情况，但是单纯看财务报表上的数据还不能直接或全面说明企业的财务状况，特别是不能说明企业经营状况的好坏和经营效益的高低，只有将企业的财务指标与有关的数据进行比较，才能说明企业财务状况所处的层级，因此，财务报表分析是非常必要的。

企业存在的根本目的是实现其价值，在特定的环境中合法开展经营活动并且追求价值最大化，这一目的是推动企业发展壮大的最深层次的动力。企业价值表现在很多方面，可以量化的部分是由财务信息所表达的，对企业价值的评估也需要对财务报表进行分析。财务报表是沟通企业和与其有财务关系各方的桥梁。企业财务关系各方需通过对财务报表数据进行加工、分析、比较、评价和解释以判断企业的财务状况和诊察企业经营管理的得失，深入了解企业，预测其发展前景，进而做出是否投资或建立合作关系的决策等。

由于笔者水平有限，本书难免存在不妥，敬请广大学界同仁与读者朋友批评指正。

目 录

第一章 财务报表分析概论

第一节 财务报表分析的起源和发展 ·· 001

第二节 财务报表分析的概念、目的与作用及内容 ················· 010

第三节 财务报表分析的原则、步骤和方法 ····························· 018

第四节 财务报表分析的背景资料 ·· 026

第二章 创造价值的物质基础

第一节 资产的质量 ··· 039

第二节 货币资金的质量 ·· 043

第三节 应收款项的质量 ·· 047

第四节 存货的质量 ··· 051

第五节 经营性流动资产整体质量 ·· 057

第六节 长期股权投资的质量 ··· 059

第七节 固定资产的质量 ·· 064

第八节 无形资产的质量 ·· 072

第九节 商誉的质量 ··· 075

第十节 资产结构与企业资源配置战略 ····································· 081

第三章　收益增厚企业价值

第一节　利润项目分析 ………………………………………… 087
第二节　利润质量分析 ………………………………………… 102

第四章　价值驱动与价值回归

第一节　现金流量表 …………………………………………… 123
第二节　现金流量质量分析 …………………………………… 131

第五章　企业价值提升路径

第一节　企业价值概述 ………………………………………… 143
第二节　企业价值提升与价值最大化 ………………………… 149
第三节　选择企业价值提升路径的基本思路 ………………… 157
第四节　针对外部因素的企业价值提升路径 ………………… 161
第五节　针对内部因素的企业价值提升路径 ………………… 166

第六章　企业价值评估指标体系构建

第一节　评估指标体系构建原则 ……………………………… 178
第二节　财务指标体系的构建 ………………………………… 180
第三节　非财务指标体系的构建 ……………………………… 189
第四节　财务指标与非财务指标的整合 ……………………… 202

参考文献 …………………………………………………………… 205

第一章 财务报表分析概论

第一节 财务报表分析的起源和发展

从世界范围来看,财务报表的产生需要从复式簿记谈起。但在我国,一般认为商周时期为中式会计的奠基时期和萌芽时期;西汉时期的"上计簿"是我国中式会计报告的早期形态;唐宋时期,会计报告得到进一步的发展和完善。清朝乾隆至嘉庆年间,财务报告在编制方面取得了进步,被称为"结册"和"红账"。

一般认为,财务报表分析起源于19世纪末、20世纪初的美国,最早的财务报表分析主要是为银行的信用分析服务的。由于认识到财务报表及其分析的重要性,财务报表分析理论和技术进步很快,已成为一门相对独立的应用科学。

一、财务报表分析的起源

财务报表分析是美国工业发展的产物。在美国工业大发展之前,企业规模较小,银行根据个人信用情况贷款。然而随着经济的发展,企业的业务日益扩大、组织日趋庞大与复杂,所需资金日益增加,向银行贷款的数额也相对增加，仅仅依据个人信用情况贷款已经不能满足发展需求。例如，在1882年的经济危机中，企业用假账向银行贷款，造成贷款无法收回，企业破产倒闭，同时也连累贷款银行。于是，银行家们更加关注企业的财务状况，特别是企业是否具有偿债能力。1898年2月，美国纽约州银行协会的经理委员会提出议案："要求所有的借款人必须提交由借款人签字的资产负债报表，以衡量企业的信用和偿债能力。"1900年，美国纽约州银行协会发布了申请贷款应提交的标准表格，包括部分资产负债表。此后，银行开始根据企业资产和负债的数量对比来判断企业对借款的偿还能力和还款保障程度，并且提出了诸如流动比率、速动比率等一系列的比率分析指标作为判断的依据。例如，美国学者亚历山大·沃尔（Alexander Wall）建议使用财务比率法来评价企业的信用，以降低贷款的违约风险。1923年，美国学者白利斯（James Bliss）在《管理中的财务和经营比率》一书中首次提出并建立了各行业平均的标准比率，自此，人们开始普遍使用标准比率进行横向财务比较。现在，标准比率和比率分析存在严重的缺陷是众所周知的，而在20世纪20年代，吉尔曼（Gilman）就看到了这一点。1924年，吉尔曼出版了《财务报表分析》一书，书中认为，由于财务比率和资产负债表之间的关系难以明确，比率分析的作用是有限的，同时他还主张趋势分析法的必要性。鉴于此，许多学者承认财务报表分析起源于19世纪末至20世纪初期的美国。在这种背景之下，产生了通过分析、比较财务报表中的数据以了解企业信用的财务报表分析。

1. 信息分析与财务报表

财务报表分析本质上是对财务报表数据的利用和再加工，是信息分析在会计领域的应用。20世纪80年代末，美国著名信息学家德邦思（A.Debons）等提出，"人类的认识过程可以表述为：事件→符号→数据→信息→知识智慧"。这个连续的统一体中的任一组成部分，都产生于它的前一过程。如果财务报表是通过再确认把以一定的记账规则记录下来的经济数据转换成财务报表信息,那么,财务报表分析就是对这些信息进行分析和利用从而形成的有用的知识。其实,对经济活动的信息分析早已有之。在人类历史上,产品出现剩余并产生了交换需求之后,对劳动和实物的计量与分析就已经存在。另外,财务报表分析的信息载体——财务报表,也不是直到19世纪末才在美国出现的。例如,随着企业规模的不断扩大,越来越多的利益相关者开始关注并参与企业的经营活动,但是这些利益相关者又无法直接接近企业的总账,于是就产生了单独编制财务报表的需求。17世纪股份企业的出现,使利益相关者对财务报表的需求更加强烈。财务报表最初是为了从算术上验证总账余额的正确性而加以编制的,到了19世纪初,由向债权人报告又发展为主要向股东报告,并且政府也开始对公布的财务报表加以管理。

2. 英国财务报表与财务报表分析的起源

现代财务报表的主要形式源自19世纪的英国。在"南海泡沫"一百多年后的1844年,英国颁布了《合股企业法》,要求企业必须向股东公布已审计的资产负债表。而这种标准格式的资产负债表不仅仅是总账余额的简单罗列,"而是有分析地对资料加以排列……报表首先要将出售股票带来的永久性资本和收入产生的永久性资本区分开来"。此外,"这种报表又根据英国古典经济学家的思想将流动资产(current assets)和流动负债与固定资产和固定负债区分开来"。"南海泡沫"使英国政府禁止设立股份企业发行股票整整一个世纪,当股份企业再次在英国出现,这种经审计的资产负债表首先要解决的问题就是防止欺骗投资者,稳定资本市场。财务报表使用者阅读和分析财务报表的首要目的就是避免陷入金融诈骗。而这种资产负债表的内容和格式就清晰地说明了19世纪英国股东(或英国政府为了保护投资者)对财务报表的需求以及所使用的分析方法。

3. 美国财务报表与财务报表分析的起源

在美国,资产负债表同样也是早期最主要的财务报表,但是,产生的原因与英国的资产负债表却不相同。英国的资产负债表是向股东报告管理责任而发展起来的，对财务报告的分析也主要是由股东来完成的。19世纪，美国的股份企业大多数是小型的，大部分资本不是通过发行股票而是依靠银行的短期借款筹集的。资产负债表主要以银行家为直接对象，银行对资产负债表的格式要求和财务报表分析成为美国财务报表分析的起源。这个时期，美国的银行家们认为，债务人在贷款到期时的偿还能力与收益能力无关，而是与存货变现能力有着密切的关系。因此，财务报表分析只重视流动性，而不重视营利性。在这样的背景下产生了以流动比率指标为代表的信用分析，其中，美国著名的银行家亚历山大·沃尔创立了比率分析体系。但是，几乎与美国信用分析的产生同步，伍德·罗克（Thomas WoodLock）在1990年的《铁路财务报表分析》一书中将财务报表分析引入了投资领域。该书使用了诸如经营费用与毛利比率、固定费用与净收益比率等现代财务分析方法来评价当时的铁路行业经营状况。由此可以看出，美国财务报表分析不仅仅起源于银行业的信用分析，与铁路业的投资分析也密不可分。

通过上述分析可以得出：财务报表分析起源于19世纪末至20世纪初的美国一说并不准确，也并不仅仅始于银行业对贷款企业的信用分析，而是始于不同国家经济环境和财务报表信息需求的不同，导致财务报表分析的重心不同。财务报表分析的起源几乎与财务报表的产生是同步的。当财务报表第一次出现时，必然需要以某种方式对其进行解读，将财务报表信息转化成有用的知识，于是就产生了财务报表分析。但是，只有形成了一定的财务报表信息的解读方法之后，财务报表分析这门学科才得以形成。

二、财务报表分析的发展

不同的学者对财务报表分析发展的阶段看法不一。徐光华认为，财务报表分析产生于19世纪末20世纪初,至今已有一百多年的历史。在不同的时期,财务报表分析的重心有所不同,从最初的信用分析、投资分析发展到后来的内部分析。王治安将财务报表分析发展划分为三个阶段:①20世纪中期及以前——以比率分析为主体的财务报表分析阶段;②20世纪中期至20世纪后期——以财务预测分析为主体的财务报表分析阶段;③20世纪后期及以后——以资本市场为主体的财务报表分析阶段。

在不同发展阶段及不同的经济环境下,利益相关者或财务报表的阅读者对财务信息的需求不同,使财务报表分析产生新的目标或者利用已有旧的目标重新进入人们的视野,进而推动着财务报表本身和财务报表分析的发展变化。在不同的信息需求下,为了实现不同的财务报表分析目标,财务报表分析理论和方法体系不断完善,进而形成了如今丰富的财务报表分析体系。

1. 以了解企业基本财务状况为目标的信用分析

自余额账户逐渐演变为资产负债表,财务报表分析便伴随着资产负债表的形成而产生了。从15世纪末至20世纪初,财务报表漫长的发展过程也是财务报表分析的萌芽阶段。这个阶段并没有科学系统的财务报表分析理论和方法,然而,贷款人、股东、政府等利益相关者却对财务报表信息有着迫切的需求,人们以自己的经验和方法对总账或资产负债表进行解读。

到了19世纪末20世纪初,美国企业在财务报表分析技术方面出现了许多重大的突破,尤其是在以银行业为代表的信用分析和以铁路企业为代表的铁路建设投资分析方面。系统分析方法的出现和一些学者的研究使财务报表分析方法从一般经验中逐步显现出来形成一门学科。例如,在信用分析方面,出现了沃尔的信用分析指标;卡诺(Cannon)在1906年出版的《比较财务报表》中对是否把"速动比率大致应为2.50∶1.00"作为银行业放贷标准进行了探讨;等等。在投资分析方面,穆迪(John Moody)著有《华尔街投资的方法》一书,查柏林(Lawrence Chamberlain)于1911年出版了《证券投资原理》一书。查柏林在该书中采用了伍德·罗克（Wood Lock）的营业比率、毛利比率、营业费用比率等财务比率，这些比率在当时被称为经营效能比率。同时，他又提出了经营收入与各项收入的比率以及经营支出与各项成本费用的比率，以表示损益表各科目之间的构成关系。由于银行是主要的资金来源，所以这个时期的财务报表分析的重心在信用分析，其中，资产负债表是最主要的财务报表。到了20世纪中期，财务分析家们发现，在利用财务比率进行分析时需要一些比较的标准，因此，有些学者开始研究比率的统计分布，并且开始考虑是否应该为不同类型的企业建立不同的比率标准，于是在信用分析领域逐步形成了财务报表分析的实用比率学派。

2. 以了解企业营利能力为目标的投资分析

美国银行家的"流动性主义"（liquidity doctrine）在1920—1921年经济萧条时期，经受了严峻的考验。那时，银行家们认为，债务人在贷款到期时的偿还能力与收益能力无关，而与存货的变现有密切的关系。而在经济萧条时期，美国的商品批发价格减少到40%，存货收缩到10亿美元，盘存商品的变现价值大大低于实际成本，现金流量减少，偿还贷款也变得困难起来。随着信用的丧失，银行家们看到了仅仅以流动性为基础的贷款政策的局限性，借款企业也认识到，仅仅依靠银行的短期贷款会使自己的资本实力在衰退时期变得薄弱。所以，大量发行股票就成为一般企业扩大规模的资金源泉。当股票发行成为外部资金的主要来源，股东成为财务报表的主要使用者时，财务分析的重心就从信用分析扩展到了投资分析，主要是营利能力的分析，同时，损益表也就成为更为重要的财务报表。

需要注意的是，由以信用分析为重心转变为以投资分析为重心，并非是后者对前者的否定，而是资本市场的发展和企业融资来源构成的变化使这一时期的财务报表分析是以后者为重心且两者并存的状况。从财务报表分析的起源我们也可以看到，财务报表分析向来就是随着财务报表使用者对信息需求的变化而变化的。但是，由于营利能力（投资分析的主要方面）的稳定性是企业经营稳定性和财务稳健性的重要方面，企业的流动性很大程度上取决于营利能力，同时，资产的变现能力与营利能力也有间接的联系，因此，随着人们对财务分析的深入理解，信用分析或财务稳健性分析自然也包括了营利能力分析。这时的偿债能力分析不仅仅局限于资产负债之间的对比，而是把资产负债表和利润表结合起来分析。例如，所有者权益净利率，就是典型的将利润表与资产负债表结合在一起的比率指标。

3. 以预测财务失败为目标的财务预警分析

20 世纪 30 年代，以美国为代表的西方资本主义国家发生的经济危机使大量的企业破产倒闭，关于财务失败的预测成为研究的热门话题。以预测财务失败为目标的研究者将财务报表分析的重心从对历史结果的分析转向对未来的预测——这被称为财务失败预测学派。该学派认为，对未来事项的预测是财务报表分析的主要功能。经过长期的实证检验，偿债能力、营利能力、营运能力、资本结构和发展能力等财务比率能够对企业破产、财务失败、经营失败起到预警作用。

1968 年 10 月，威廉·比弗（Beaver）在著名的《会计评论》上提出了单一比率模型，首次开始研究财务危机预警模型。他认为，单一的财务比率能够预测企业未来的财务状况或财务成败。他提出最为有效的比率包括：现金流量总额与企业的负债总额之比、净收益与企业资产总额的比较，即资产利润率或资产收益率、债务总额与企业资产总额的比较即资产负债率。20 世纪 60 年代，威廉·比弗和阿特曼（Altman）分别采用单变量判别分析和多变量判别分析进行财务危机预测研究。20 世纪中后期，由于单一比率信息含量过少，人们则更加倾向于将单一的财务比率组合成为单一的预测评价指标，由美国财务学家爱德华·阿尔曼创立的"Z 计分法"成为这一时期的重要代表。"z 计分法"通过五项财务比率加权平均得到的指数对企业的财务成败进行预测。20 世纪 80 年代开始，随着人工智能和机器学习技术的发展，学者们开始将相关的技术引入财务危机预警领域。例如，Ohlson首次将Logistic模型应用于财务预警领域。Coats和Fant利用47家财务危机企业和47家健康企业，采用神经网络模型预测财务危机，模型准确率达91%。Frydman等将决策树引入财务预警研究。近年来，物联网、移动互联网、云计算技术的发展促进了信息的爆炸式增长，大数据概念也进入了人们的视野。人们把财务数据作为大数据的一部分，开始尝试使用数据挖掘等技术进行财务危机预警研究。

4. 以改善经营管理为目标的内部分析

起初，银行家们通过分析企业的财务报表来决定是否发放贷款，通过财务报表分析来考察贷款的安全性成为银行从业者的基本技能。后来，企业在接受银行的分析与咨询过程中，逐渐认识到了财务报表分析的重要性，开始由被动地接受分析逐步转变为主动地进行自我分析，分析的结果一方面用于应对银行家们的责难，另一方面用于企业的经营管理。尤其是在第二次世界大战以后，企业规模不断扩大，特别是企业制的企业组织形式出现后，经营活动日趋复杂。商业环境的变化促使财务报表分析重心由外部转向企业内部。自20世纪80年代全球经济进入一体化与知识化阶段以来，企业越来越明显地感受到来自国内外的双重压力，市场环境变幻莫测，经营条件日趋复杂，所有企业都面临着一个难题：如何在激烈的市场竞争中求得生存并力争获胜。于是，专注于企业经营管理的内部分析不断扩大和深化，成为财务报表分析的重心。此外，内部财务分析目标更加多元化，资料的可获得性也优于外部分析，这就为扩大分析领域、增强分析效果、提高分析技术提供了前提条件。内部分析的最终目标是服务于企业战略，一个好的战略是好的设想与好的分析结合的结果。运用价值分析进行投资和管理称为基于价值的管理。首席财务官的基本任务之一就是协调各种分析并用于管理，他的责任就是做出最好的价值分析。因此，内部分析的关键也落在了对价值的评估之上，这与资本市场分析有诸多的相似之处。

5. 以企业价值评估和证券定价为目标的资本市场分析

现代会计是资本市场发展的产物，现代财务报表也是更多地为服务资本市场而建立起来的。资本市场的发展渗透到了社会经济生活的各个方面，理财学也将其研究的重点转向资本市场。"有效市场假说"（efficient market hypothesis，EMH）和"资本资产定价模型"（capital asset pricing model，CAPM）是在资本市场中研究财务报表分析的两个最重要假说。尽管利用财务报表分析的手段不能解决企业投资价值评估的全部问题，但西方国家的实践证明，财务报表分析的确是现代投资者和证券分析师等评估企业投资价值的一种基本手段。财务报表分析是证券定价基础分析的重要组成部分，正如斯蒂芬·佩因曼在其《财务报表分析与证券定价》一书中所说的那样："财务报表是反映商业活动的透镜，财务报表分析便是通过透镜的校准使商业活动信息汇聚到一个焦点。"在资本市场日益发达的今天，以企业价值评估和证券估价为目的进行的财务报表分析逐步成为财务报表分析的主要内容。

财务报表分析产生于资产负债表分析，形成于美国20世纪初的信用分析。财务报表分析方法是在财务报表分析目标的不断变化中发展起来的。现代财务报表分析体系是一个多目标的分析体系，动态地看，从起初的对资产负债表状况的信用分析和一般投资分析到重视利润表的营利能力分析，从资产负债表、利润表和现金流量表结合全面系统的筹资分析、投资分析、内部经营管理分析再到企业价值评估、证券分析、并购与重组分析等，财务报表分析不断扩大分析的目标和内容。有趣的是，财务报表分析起源于对资产负债表基本状况的一般了解，然而，随着资本市场的发展和"现金流量""公允价值"等概念的日益重要，如今，财务报表分析的重点和难点又回归到了资产和负债，只不过要解决的是估价、战略分析等问题，如资产定价、企业价值评估等。

第二节 财务报表分析的概念、目的与作用及内容

一、财务报表分析的概念

在美国财务分析形成初期,财务分析的主要对象是财务报表,真正意义的财务报告还没有形成,财务分析相关著作通常采用财务报表分析这一名称。例如,1928年亚历山大·沃尔与邓宁(Dunning)合著的《财务报表比率分析》,沃尔1930年出版的《财务报表分析》和1936年出版的《如何评价财务报表》等。20世纪70年代,虽然财务报表拓展为财务报告,但由于历史传统和使用习惯,美国学者近些年也经常使用财务报表分析或财务报告分析这一名称,如戴维·F.霍金斯(David F. Hawkins)的《企业财务报告与分析》(2000年),利奥波德·A.伯恩斯坦(Leopold A. Bernstein)的《财务报表分析》(2001年);而在日本,有关财务分析的著作大多采用"经营分析"的名称,这主要是由于历史上受德国传统影响比较大。

关于财务报表分析的定义至今尚未统一。比较具有代表性的观点有:美国纽约城市大学教授利奥波德·A.伯恩斯坦在所著的《财务报表分析》一书中认为:"财务报表分析主要是通过对企业过去、现在财务状况、经营成果的评估,从而实现对企业未来的良好预测,其本质是一种判断过程。"王化成在第七版《财务报表分析》一书中认为:"财务报表分析是以企业财务报表及相关资料为基础、以分析主体的信息需求为目标,运用特定的分析工具和方法对企业的经营状况进行判断,以帮助财务信息使用者进行科学决策的过程。"

财务报表分析之所以有不同的定义,是基于不同的角度。

1.会计学中的财务报表分析与基于会计学的财务分析

（1）会计学中的财务报表分析

会计学中的财务报表分析往往具有以下特点：第一，主要介绍财务报表分析的基本方法，如水平分析法、垂直分析法和趋势分析法，对更进一步的会计分析（包括会计政策变更等对财务报表的影响分析）介绍得较少；第二，主要介绍几个重要的财务比率，没有对财务比率的体系进行论证与分析，也不进行财务比率的因素分析；第三，会计学中的财务报表分析不研究财务比率分析的应用。

（2）基于会计学的财务分析

基于会计学的财务分析通常具有以下特点：第一，基于会计学的财务分析是一门独立的课程，拥有完整的理论体系、方法论体系和内容体系；第二，基于会计学的财务分析以会计报告信息分析为出发点，以影响会计报告信息的因素（特别是会计假设、会计政策、会计估计等因素）变动为分析重点；第三，基于会计学的财务分析往往将营利能力分析、营运能力分析、偿债能力分析等作为会计信息在财务分析中的应用；第四，基于会计学的财务分析在处理财务分析与财务管理的关系上，往往强调财务效率。

2.财务管理中的财务分析与基于财务管理的财务分析

（1）财务管理中的财务分析

财务管理中的财务分析往往具有以下特点：第一，将财务分析作为财务管理的职能，与财务预测、财务预算、财务控制、财务评价与激励等并列；第二，将财务分析（或财务报告与分析）作为财务管理的基础，对财务管理中筹资活动、投资活动与分配活动的决策提供有用的信息；第三，将财务分析定义为财务比率分析，往往以营利能力分析、营运能力分析和偿债能力分析为分析体系和主要内容。

（2）基于财务管理的财务分析

基于财务管理的财务分析内容广泛，通常具有以下特点：第一，基于财务管理的财务分析是一门独立的课程，拥有完整的理论体系、方法论体系和内容体系；第二，基于财务学的财务分析以财务学的领域为导向，以价值分析与量化分析技术为基础，以企业财务比率或能力分析、证券市场分析等为主要内容；第三，基于财务学的财务分析应用领域较为广泛，包括证券估价、业绩评价、风险管理、企业重组等；第四，基于财务学的财务分析在处理财务分析与会计学的关系时，往往将财务报告作为分析的基础信息。

（3）财务报表分析与财务管理

财务报表分析与财务管理都将财务问题作为研究的对象，但是，两者的职能与方法不同。首先，财务报表分析的职能与方法的着眼点在于分析，财务管理的职能与方法的着眼点在于管理。其次，两者研究财务问题的侧重点不同。财务报表分析侧重于对财务活动状况和结果的研究，财务管理侧重于对财务活动全过程的研究。再次，两者分析结果的确定性不同。财务报表分析结果具有确定性，财务管理的结果通常是不确定的。最后，两者的服务对象不同。财务报表分析服务的对象包括投资者、债权人、经营者等所有有关人员，财务管理的服务对象主要是企业内部的经营者和所有者。

3. 财务报表分析的学科定位

关于财务报表分析的学科定位问题一直存在较大争议，有人将其划为会计学，有人将其划为财务管理，还有人将其划为金融学、统计学等。财务报表分析之所以定位较难是因为它是一门与上述学科都相关的边缘性学科，这从另一个方面也说明财务报表分析应该独立于上述学科而存在。

财务报表分析学实际上是在会计信息供给（会计学）与会计信息需求（财务学、经济学、管理学等）之间架起的一座桥梁。因为，在会计学与经济学、管理学和财务学等学科的关系中，涉及会计学的发展如何满足相关学科发展的信息需求、其他学科的发展如何有效利用会计信息的问题。在会计学与相关学科关系的信息转换中，财务报表分析起着至关重要的作用。

财务报表分析是指根据相关学科或人们对会计信息的需求，将标准的会计信息分析转换为决策与管理所需要的信息；同时，又将相关学科理论与实务所需求的信息分析转换为会计应该提供的信息。从财务报表分析在会计学与相关学科关系中的地位与作用看，随着会计学科地位的提升和相关学科对会计学信息需求范围、数量与质量要求的提高，财务报表分析将在分析主体、分析对象、分析内容和学科地位上有进一步的扩展与提升。财务报表分析不仅要满足投资者、债权人等外部信息需求者的需要，还要满足管理者、员工等内部信息需求者的需要；不仅要满足管理学理论与实务发展的需要，而且要满足经济学理论与实务发展的需要。财务报表分析不仅是一门独立的边缘性学科，而且将成为一个独立于会计学和财务管理等学科的学科专业。

要正确理解财务报表分析的基本内涵，需要清楚以下几点：

（1）财务报表分析是一门综合性、边缘性学科。

（2）财务报表分析有完整的理论体系。

（3）财务报表分析有健全的方法论体系。

（4）财务报表分析有系统的、客观的资料依据。

（5）财务报表分析有明确的目的和作用。

因此，"财务分析""财务报告分析""财务报表分析"是一组很难区分的概念。没有财务报表所提供的数据，就不可能有下一步的分析。如果所有分析都只是源于财务报表数据，显然很难满足财务信息的需求者。故本书将不再对这些术语加以区分。

综上所述，财务报表分析的概念有广义和狭义之分。狭义的财务报表分析是指以企业财务报表为主要依据，有侧重、有针对性地对有关项目及其质量加以分析和考量。对企业的财务状况、经营成果和现金流量进行评价和判断（析），以反映企业在运营过程中的利益得失及发展趋势，为财务报表使用者的经济决策提供重要的信息支持。广义的财务报表分析在此基础上还包括企业概况分析、企业优势劣势（地域、资源、政策、行业、人才、文化等）分析、企业战略实施情况分析、企业治理透视及投资价值分析。

二、财务报表分析的目的与作用

财务报表分析的目的是通过对财务报告以及其他企业相关信息进行综合分析，得出简洁明了的分析结论，从而帮助企业相关利益人进行决策和评价。财务报表分析的具体作用如下所述。

1.财务报表分析可正确评价企业过去

正确评价过去，是说明现在和揭示未来的基础。通过对实际会计报表等资料的分析，财务报表分析能够准确地说明企业过去的业绩状况，指出企业存在的问题及问题产生的原因，分析是主观原因还是客观原因等。这不仅对正确评价企业过去的经营业绩十分有益，而且会对企业投资者和债权人的行为产生积极的影响。

2.财务报表分析可全面反映企业现状

财务报表分析根据不同分析主体的分析目的，采用不同的分析手段和方法，可得出反映企业某方面现状的指标。这种分析对于全面反映和评价企业的现状有重要作用。

3.财务报表分析可用于估价企业未来

财务报表分析对企业未来的估价主要体现在以下几点。

第一，财务报表分析可为企业未来的财务预测、财务决策和财务预算指明方向。

第二，可准确评估企业的价值及价值创造，这对企业进行经营者绩效评价、资本经营和产权交易都是十分有益的。

三、财务报表分析的内容

一般而言，与企业有经济利害关系的有关方面可以分为企业所有者、企业债权人、企业管理者、商品或劳务供应商、顾客、企业雇员、政府管理机构、社会公众和竞争对手等，这些方面构成了企业财务报表的使用者。由于与企业经济关系的性质不同，上述诸方面对企业财务状况关注的侧重点也就不同。

1. 企业所有者

企业所有者是企业的投资者或购买企业股票的人。一般来说，他们要做的决策往往关于是否向某一企业进行投资或是否保留其在某一企业的投资。为了做出这类决策，他们高度关注企业的获利能力以及投资风险，还会关心持有的企业股票的市场价值，以及股息、红利的发放水平等。但是，有控制权或重大影响的企业所有者，由于可以直接或间接影响企业重要岗位上的人事安排、投资决策、经营决策及股利分配政策等，他们往往关心与企业战略性发展有关的财务信息，如企业资产的基本结构和质量、企业资本结构、市场占有率、企业长期获取质量较高利润的前景等。

2. 企业债权人

企业债权人为企业提供了资金的使用权，但不能参与企业剩余收益的分配。因此，他们必须关注贷款的安全性。在进行财务报表分析时，他们最关心的是企业是否有足够的支付能力与意愿，以保证其本金和利息到期得以及时、足额的偿还，从而确认自己债权的风险程度，并决定是否马上收回债权或要求企业提供担保等。短期贷款者提供的贷款期限在12个月以内，他们一般关心企业资产的流动性和现金充足程度。长期贷款者提供的贷款期限在12个月以上，他们更关心的是企业的整体负债水平、获利能力及企业的发展前景。

3. 企业管理者

企业管理者受企业业主或股东的委托，负责企业业主或股东投入企业的资本的保值和增值，同时负责企业的日常经营活动，确保企业支付给股东与风险相适应的收益、及时偿还各种到期债务，并使企业的各种经济资源得到有效利用。因此，企业管理者在编制完财务报表后，一定会先于其他报表使用者做财务报表分析。也就是说，企业管理者在把企业的财务状况报告给股东、债权人等之前，一定会做一个权衡：这段时间企业赚钱了没有？欠的债多不多？利息还清没有，能不能还清？下一步的经营有没有新的打算？企业资金能不能周转过来？需不需要再投资……诸如此类问题，必须静心思考，做到心中有数，以便股东、债权人等问起时能够顺利应对。

总之，通过财务报表分析，企业管理者可以确认企业的偿债能力、营运能力、营利能力、现金流量以及社会贡献能力等全面状况，以便及时发现问题，采取对策，规划和调整经营战略，并促进管理水平的提高，为经济效益的持续稳定增长奠定基础。

4. 商品或劳务供应商

商品或劳务供应商与企业的贷款提供者情况类似，他们在向企业提供商品或劳务后即成为企业的债权人。因而，他们必须判断企业能否支付所需商品或劳务的价款。从这一点来说，一方面，大多数商品或劳务供应商对企业的短期偿债能力感兴趣，另一方面，某些供应商可能与企业存在着较为持久、稳固的经济联系，在这种情况下，他们又对企业的长期偿债能力感兴趣。

5. 顾客

在许多情况下，企业可能成为某个顾客的重要商品或劳务供应商。此时，顾客关心的是企业连续提供商品或劳务的能力。因此，顾客关心企业的长期发展前景及有助于对此做出估计的获利能力指标与财务杠杆指标等。

6. 企业雇员

企业的雇员通常与企业存在长久、持续的关系。他们关心工作岗位的稳定性、工作环境的安全性以及获取报酬的前景。因而，他们对企业的获利能力和偿债能力感兴趣。

7. 政府管理机构

统计机构通过对整个国民经济的财务数据进行统计和分析，可以有效地了解目前经济的发展趋势。财政、税收等机构据此有针对性地调整货币政策和税收政策等，并监督和促进企业按照《企业会计准则》及相关法律法规编制财务报表。政府对国有企业除关注投资资产产生的社会效益外，必然考虑投资的经济效益，同时，通过财务报表分析，检查企业是否存在违法违纪、浪费国家资产的问题，并对企业的发展后劲及其对社会的贡献程度进行分析和考核。

8. 社会公众

社会公众对特定企业的关心也是多方面的。一般而言，他们关心企业的就业政策、环境政策、产品政策及履行社会责任的情况等方面。对这些方面的分析往往可以借助于获利能力的分析。

9. 竞争对手

竞争对手希望获取关于企业财务状况的会计信息及其他信息，借以判断企业间的相对效率、竞争的优势与劣势，同时，还可为未来可能出现的企业兼并寻找信息。竞争对手可能把企业作为接管目标，因而，他们对企业财务状况的各个方面均感兴趣。

尽管不同的利益主体在进行财务报表分析时侧重点不同，我们还是可以得出以下结论：财务报表分析者所要求的信息大部分是为了面向未来；不同信息使用者的分析目的不同，即使对同一对象进行分析，从中所要求得到的信息也不同，所需的信息深度和广度更不同；企业财务报表中并不包括使用者需要的所有信息。

第三节　财务报表分析的原则、步骤和方法

一、财务报表分析的原则

1. 目的明确原则

该原则要求财务报表阅读者在对财务报表进行分析之前，必须明白分析的目的是什么，要用财务报表提供的信息解决什么问题。分析的目的决定了所需要的资料、分析的步骤、程序和技术方法及需要的结果。分析的深度和质量在很大程度上依赖对所需解决问题的认识、问题的相对重要性、所掌握的与特定问题有关的信息类别以及可靠性。

2. 实事求是原则

实事求是原则是指财务报表分析人员在分析时应从实际出发，坚持实事求是，不能主观臆断。财务报表分析人员，尤其是专业分析人员，不能为达到既定目的而利用数据拼凑理由。分析结论应产生于分析之后，而不是分析之前。

3. 谨慎性原则

该原则要求在进行财务报表分析时，对企业的营利能力、偿债能力、营运能力等采取保守估计，宁可高估而不得低估企业的财务和经营风险。按照谨慎性原则进行财务报表分析，基本要求有两点：一是会计处理上的谨慎。在《企业会计准则》许可的范围内，企业可选择采用计提资产减值准备、存货的成本与市价孰低法及固定资产折旧的快速折旧法等体现谨慎性原则要求的会计处理方法，使企业在不影响合理选择的前提下，尽可能选择使用不虚增利润和夸大股东权益的会计处理方法和程序，从而合理核算可能发生的损失和费用，真实反映企业的经营状况。二是财务指标计算

上的谨慎。一种财务指标有时会有多种计算方法，以速动比率为例，可以用流动资产减去存货的余额与流动负债相比计算，也可以用现金及银行存款、可上市证券和短期应收账款净额三者之总额与流动负债相比，企业如果从谨慎性原则出发，就应该选择后者。值得注意的是，首先，谨慎性是以不违背科学性为前提，企业不得为了低估偿债能力和获利能力而任意改变指标方法；其次，谨慎性原则也不意味着企业可以任意歪曲事实真相或者隐瞒利润。

4. 统一性原则

统一性原则又称可比性原则，是指会计核算应当按照现行的会计处理方法进行，会计指标元素口径一致，提供相互可比的会计信息。这里的可比是指不同的企业，尤其是同一行业的不同企业之间的可比，因为许多因素会影响指标比较的合理性，诸如行业差异、企业规模、技术结构、会计政策及财务指标本身的计算方法等。因此，财务报表使用者应当注意寻找共同的具有可比性的计算基础，注意财务指标以外的其他情况，使分析评价结果更有意义，不能单纯信任比较指标的结果。可比性原则的内涵还应包括，财务报表使用者在选择指标的标准值或标准比率时，一定要从企业的实际情况出发，既不能单凭经验，也不能盲目地信奉书本上的建议。如果机械地将一个企业的实际指标与书本上的所谓标准比率数值进行比较，可能会导致错误结论的产生。

5. 全面分析原则

该原则是指在分析财务报表时要坚持全面看问题，坚持一分为二，反对片面地看问题。财务报表分析人员在分析评价时，既要考虑财务指标，又要考虑非财务指标；既要考虑有利因素，又要考虑不利因素；既要考虑主观因素，又要考虑客观因素；既要考虑内部问题，又要考虑外部问题。只有全面分析，才能客观评价企业的经营状况。

6. 系统分析原则

该原则是指在分析财务报表时要注意各项目之间的直接或间接的联系，把各个问题结合起来分析，防止孤立、片面地分析问题。财务报表分析人员在分析财务报表时，一方面要注意局部与全局的关系、报酬与风险的关系、偿债能力与营利能力的关系等，从总体上把握企业的状况；另一方面要有层次地展开分析，逐步深入，不能仅仅根据某一个指标的高低就做出不正确的结论。

7. 动态分析原则

该原则要求以运动、发展的观点分析财务报表，不要静止地看问题。企业的生产经营活动是一个动态的发展过程，而财务报表提供的数据信息都是历史上某一时期企业的财务状况，当前阶段企业的经营活动和财务状况已经或多或少地发生了变化，在新的形势下，同样的投入，可能会有不同的产出。因此，要时刻注意数值的时间性，在弄清过去情况的基础上，分析在当前情况下的可能结果，使财务报表分析能够评价企业过去的经营业绩、衡量目前的财务状况和预测未来的发展趋势。

8. 定量分析与定性分析相结合的原则

定性分析是基础和前提，没有定性分析就弄不清本质、趋势和与其他事物的联系；定量是工具和手段，没有定量分析就弄不清数量界限、阶段性和特殊性。任何事物都是质与量的统一，因此，财务分析也要定性分析与定量分析相结合。企业面临复杂而多变的外部环境，而这些外部环境有时很难定量，但环境的变化却对企业生产的发展、投资目标的实现及企业的销售情况产生着重要的影响，因此，做定量分析的同时也要做出定性判断，在定性判断的基础上，再进一步进行定量分析与判断。财务报表分析要透过数字看本质，无法定性的数据是得不出正确结论的。

二、财务报表分析的一般步骤

财务报表分析是一项技术性很强的工作，必须按照科学的程序进行，一般来讲要经过以下几个步骤。

1. 明确分析目标

分析目标是财务报表分析的出发点，它决定着分析范围的确定、资料收集的详细程度、分析标准和方法的选择等整个分析过程。财务信息有很多需求者，如股权投资者、债权投资者、企业管理部门、企业职工、行政机关、企业的供应商、企业的顾客等。不同的需求者对信息的需求有所不同，而且，各个主体的决策有时是面向全局的问题，有时是面向局部的问题，有时是监督，有时是评价。只有弄清了财务报表分析的目标，财务分析人员才能有的放矢地开展工作，才能保证财务报表分析工作的效率和效果。

2. 确定分析范围

分析范围取决于分析目标，它可以是企业经营活动的某一个方面，也可以是经营活动的全过程。根据成本效益原则，并不是一定要对企业的经营和财务状况的方方面面进行分析，一般都是根据自身需要有选择地进行分析，非重点内容只起参考作用。这样不但省去了许多步骤，而且可以降低分析成本，提高分析效率。通过确定分析范围，可以做到有的放矢，将有限的时间和精力集中在重点要解决的问题上。

3. 确定分析标准

财务报表分析工作是需要判断、需要比较的，判断就要有标准，标准是否合适直接决定着判断结果的正误。财务报表分析判断的标准很多，可以是行业中标杆企业的指标值，可以是竞争对手的数据，还可以是来自企业所在行业的平均值、企业的历史指标值、企业的计划指标值等，有时甚至可以是分析人员自己认定的经验值。分析的目标不同，分析人员对评价标准的选择也会不同，合适的、有利于分析的标准就是最好的。

4. 收集相关信息资料

分析目标和分析方案确定以后，便可根据分析工作的需要收集所需资料。资料的收集要与本次会计报表分析工作具有较高的相关性，否则既影响会计报表分析的效率，又影响财务报表分析的效果。在进行财务报表分析之前，我们应该准备好以下资料：完整的财务报表，包括资产负债表、利润表、现金流量表、股东权益变动表、财务报表附注，注册会计师出具的审计报告，公司前几年的财务报表或比较财务报表。对一般的投资者来说，这些资料已经足够了，但要进行深入分析，还需要准备同类公司的有关资料，相关行业的政策动态及数据资料，企业内部供产销各方面的信息，企业外部宏观经济形势以及国家有关的政策和法规（如影响企业经营的宏观经济、法律等环境），企业所在行业的发展状况、行业特点，竞争对手的状况，企业管理层的倾向，企业的文化、历史、发展战略等资料。分析人员获取财务资料的渠道也很多，有的财务资料直接来自企业对外披露的资料，有的来自行业协会，有的来自统计部门及其公布的资料，有的来自新闻媒体，有的来自中介机构，有的来自企业的往来部门机构。总之，不管哪种途径，资料信息搜集得越多，越有利于分析。收集资料的工作完成后，还应对所搜集的资料进行整理和筛选，去粗取精，去伪存真，使分析建立在可靠的基础之上。

5. 选择分析方法

在充分收集资料的基础上，分析人员便可着手进行分析计算。财务报表的分析方法很多，常见的有审阅分析法、比率分析法、比较分析法、结构分析法、趋势分析法等。这些分析方法各有优缺点，分析人员可根据分析目的和范围选用。可以选择其中的一种方法，也可以综合运用几种方法，对企业做出全面、客观的评价。

6. 得出分析结论，撰写分析报告

财务报表分析的最终目的是对分析对象做出评价，为经济决策提供依据，因此，在对经济指标进行计算比较后，还需把各项经济指标综合起来加以分析、比较和考查，运用专业知识和职业判断能力，对数字所揭示的问题进行解释和描述，得出分析结论并写成书面报告。财务报表分析报告应包括企业背景资料、分析证据、分析假设、关键因素、分析结论等内容。

三、财务报表分析的基本方法

对于财务报表分析来讲，其基本的功能是将大量的财务报表数据转化为对特定决策有用的信息，减少原始信息的单一性和专业性。不同的相关利益主体（或财务报表分析主体）进行财务分析的目的是不同的。例如，企业的投资者比较关注企业的资产质量以及营利能力，以便为其投资决策提供参考；债权人则比较注重企业的偿债能力以便制定相应的信贷决策；企业的经营者则比较关注综合全面的分析以便促进企业的发展；等等。在财务报表分析过程中，只有采取不同的分析方法，才能达到不同的分析目的。因此，根据不同相关利益主体对财务报表信息需求内容的不同，要采取不同的分析方法，从不同的角度为决策者提供决策信息。

1. 比较分析法

比较分析法是通过经济指标在数量上的比较，来揭示经济指标的数量关系和数量差异的一种方法，是财务报表分析中最常用的一种方法。这种分析方法主要说明财务信息、数量关系和数量差异三个重要问题。通过不同数据之间的对比，总结规律并找出其与不同标准之间的差异，可以发现所分析数据或指标的问题所在、揭示企业经营活动中的优势和劣势，进而为相关决策提供服务。

当然，比较的标准有经验标准、行业标准、历史标准和目标标准；比较的形式可以是绝对数比较,也可以是相对数比较;比较分析方法可采用横向比较法,也可采用纵向比较法。例如,将资产总额指标与历史标准进行比较,通过差异说明企业经营规模的变化,从整体上评价企业的发展。

2. 比率分析法

比率是两个数据相比所得的值。比率分析法是将财务报表中某些彼此存在关联的项目加以对比并计算出比率,据此确定经济活动变动程度的分析方法,这种方法是财务分析中最普遍使用的分析方法。运用比率分析可以评价企业的资产、经营成果和现金流量的构成,分析其质量的好坏;评价企业的营利能力、偿债能力、营运能力和发展能力等内容。根据分析目的和要求的不同,比率分析法可以分为以下三种。

(1)构成比率,也称结构比率,通过某项经济指标的一个或几个组成部分占总体的比重,来反映部分与整体之间的相互关系,并进一步反映相应比率指标的构成内容及变化。例如,计算利润表中各个项目占营业收入的比重,并将其同历史标准进行对比,可以分析企业利润的质量以及利润发生变动的原因,为以后的生产经营指明方向。

(2)相关比率,通过将某个项目与相互关联但性质有所不同的项目加以对比,以深入反映某方面的经济活动。例如,用流动资产与流动负债进行对比,通过计算流动资产对流动负债的保障程度,反映企业的短期偿债能力。

(3)效率比率,是某项经济活动中所费与所得的比率,它反映投入与产出的关系。效率指标可以反映企业运用单位资源获得收入利润的能力,从而对企业的经营成果和经营效益进行评价。例如,将营业利润与营业成本进行对比,可以反映企业营业成本产生营业利润的能力,从而评价企业经营效益的好坏。

3. 趋势分析法

根据企业连续数期的财务报告,以第一年或另外选择的某一年份为基期，计算每一期各项目对基期同一项目的趋势百分比，或趋势比率及指数，形成一系列具有可比性的百分数或指数，从而揭示当期财务状况和经营成果的增减变化及其发展趋势。趋势分析可以采用统计图表，以目测指标变动趋势，也可采用比较法。例如，根据企业营业收入项目连续五年的数据，以第一年为基期，通过五年的增减变动，可以判断分析企业收入的变动情况及未来的发展动向。

4. 因素分析法

因素分析法是从数量上确定一个综合经济指标所包含的各项因素的变动对该指标影响程度的一种分析方法。因素分析法可以说明分析对象（综合指标）受何种因素的影响，以及各个因素对其影响程度如何，以便抓住主要矛盾，发现问题、解决问题。例如，企业原材料成本发生变动，其影响因素有产量、产品单位消耗量、材料单价，利用因素分析法可以计算分析出这三个影响因素对原材料成本的影响方向，及其影响程度的大小。

5. 项目质量分析法

项目质量分析法主要是通过对组成财务报表的各项目金额、性质及状态的分析，找出重大项目和异动项目，还原企业对应的实际经营活动和财务活动，并根据各项目自身特征和管理要求，在结合企业具体经营环境和经营战略的基础上，对各项目的具体质量进行评价，进而对企业整体财务状况质量作出判断的一种分析方法。在这种方法中，财务报表分析包括资产质量分析、负债和所有者权益质量分析、利润质量分析及现金流量质量分析，该方法最终进行财务状况整体质量分析。

总体上来说，前四种分析方法基本属于传统的财务报表分析方法，发展至今已经比较成熟。这些方法以传统的财务比率分析为主，侧重于对企业营利能力、偿债能力及营运能力等方面做出分析与评价。然而，每种分析方法都有相应的局限性。

比率分析法以财务报表数据为依据，若报表数据不真实，则计算结果很容易误导分析者，而且没有一个标准来判断比率是高还是低，即使计算出各个指标的值，也很难找到一个可以与之相比较的标准。趋势分析法一般对连续几年的财务报表资料进行分析，显然这比分析单一年份的财务报表资料能获得更多信息，特别是关于企业发展趋势的信息。但由于用来分析的财务报表资料所属会计期间不同，并且数据没有经过任何处理，一旦会计核算方法改变或者受到通货膨胀等因素的影响，数据之间就会失去可比性。因素分析法，即分析几个相关因素对某个财务指标的影响。影响某个财务指标的因素有哪些，以及各因素的影响程度难以界定，是因素分析法应用中存在的基本问题。比较分析法在实际操作时，比较对象之间必须具备可比性才有意义，然而，数据是否可比受到很多条件的限制，如计算方法、计算标准、时间跨度等。在进行同行业比较时，要使相关数据具有可比性，至少应满足同行业业务性质相同或相似、经营规模接近、经营方式相同或相近等条件。这些条件限制了比较分析法的应用范围。

因此，在应用财务报表分析方法时，应该多种方法有机整合，并不断加以完善和创新，在充分利用财务数据的基础上更多地结合其他相关信息，最大限度地挖掘财务比率背后的企业财务状况的实际质量。只有这样，才能为财务信息使用者提供更为科学、更为有效的决策依据。本书根据国内外学者的研究成果和资料，以项目质量分析方法为主线，结合其他分析方法，试图分析财务报表各项目的具体质量，以达到判断企业财务状况整体质量的目的。

第四节　财务报表分析的背景资料

财务报表分析的基本依据，除了财务报表揭示的信息外，还包括与财务报表相关的其他背景资料。面对财务报表上一系列的项目和数字，只有了解了相关的背景资料，才能透视数字背后的真实含义。相关的背景资料主要包括财务报表附注、审计报告、合并财务报表等。

一、财务报表附注

附注是对财务报表中列示项目的文字描述或其明细资料，以及对未能在财务报表中列示的项目的说明。它是对会计报表本身无法或难以充分表达的内容和项目所做的补充说明与详细解释，是财务报表的重要组成部分，可以使财务报表充分披露。附注是为帮助财务报表使用者理解会计报表的内容而对会计报表的编制基础、编制依据、编制原则和编制方法及主要项目等所做的解释。有人称目前的财务报表已进入"注释时代"是有道理的。

1. 财务报表附注的作用

（1）提高财务报表内信息的可比性。《企业会计准则》规定多种会计处理方法，允许公司选择使用。附注能明确公司所采用的处理方法。会计程序、方法与原则不得随意变更，但不是绝对不能变更。因此，在财务报表中，通过注释的方式说明公司采用的会计方法及其变更对公司经营成果的影响，有助于提高财务报表的可比性。

（2）增进财务报表内信息的可理解性。对财务报表内的数据进行更详细的解释，有助于财务报表的使用者理解财务报表的信息。财务会计报告的使用者包括投资者、债权人、政府及其有关部门和社会公众等广泛的群体，并不是每一个使用者都具备相关的专业知识，而会计报表的内容具有一定的专业性，不具备会计专业知识的人不能准确地理解会计报表信息。财务报表附注不同于以数字为主的会计报表，它以文字资料为主，结合相关的数字来传达信息。例如，资产负债表中的应收账款项目在附注中会注释按种类披露的信息，详细说明按账龄分析法计提的坏账准备，明示企业应收账款金额靠前单位的情况。财务报表附注的解释和说明，不但使专业人士能够深刻理解会计报表信息，而且使非专业人士能够看懂会计报表。

（3）突出财务报表的重要性。通过注释，可将财务报表中重要的数据进一步予以分解、说明，引起读者注意和重视。

（4）提供更详细的会计信息。作为表外信息披露的重要组成部分，财务报表附注是对财务报表本身内容以及未包括的项目所做的补充说明和详细解释。许多重要且可以公开的会计信息由于受到会计报表形式的制约无法反映，附注用相对灵活的形式弥补了这一缺陷。在附注中，可以用表格数据和文字相结合的方法对基本会计报表中的相关项目做补充说明。例如，对于资产负债表中的货币资金项目，在附注中可以看到其各组成项目构成和币种构成情况，利润表中的营业收入和营业成本项目也会在附注中分行业、分产品、分地区进行披露。这就使财务报告使用者通过附注充分了解企业的财务状况、经营成果和现金流量等会计信息，从而获得更多全面有效的信息。

2.财务报表附注的内容

虽然每个公司的财务报表附注的具体内容、格式都不尽相同，但总体来看，附注的主要内容是相同的，主要包括以下几项。

（1）企业基本情况。其包括：①企业注册地、组织形式和总部地址；②企业的业务性质和主要经营活动；③母公司以及集团最终母公司的名称。

（2）重要会计政策的说明。其包括财务报表项目的计量基础和会计政策的确定依据等。财务报表项目以权责发生制为记账基础，一般采用历史成本法，计账本位币一般是人民币；会计政策是指企业进行会计核算和编制会计报表时所采用的原则、方法和程序。例如，对资产以市价计价还是以历史成本计价就属于资产计价的具体工作原则，而在以市价计价的情况下，重置成本、可变现净值等就属于具体会计处理方法。常见的会计政策有发出存货成本的计价、长期股权投资的后续计量、固定资产的初始计量、无形资产的确认等。

（3）重要会计估计的说明。会计估计是指企业对其结果不确定的交易或事项以最近可利用的信息为基础所做的判断。重要会计估计的说明包括下一会计期间内很可能导致资产、负债等账面价值重大调整中所采用的关键假设和不确定因素的确定依据等。在会计实务中，常见的需要进行会计估计的事项主要有：坏账是否会发生以及坏账的数额；存货的毁损和过时损失；固定资产的使用年限和净残值大小；无形资产的受益期；或有损失和或有收益的发生以及发生的数额；等等。

（4）会计政策和会计估计变更以及差错更正的说明。

（5）对已在资产负债表、利润表、现金流量表和所有者权益变动表中列示的重要项目的进一步说明，包括终止经营税后利润的金额及其构成情况等。需要进一步说明的重要事项如下所述。

第一，资产负债表附注信息：①货币资金的构成；②应收账款账龄分析、种类分析、坏账准备变动等；③存货项目构成及金额、存货跌价准备情况、存货各项目净值；④长期股权投资（成本法核算的投资明细项目、权益法核算的投资明细项目、长期投资减值准备）；⑤固定资产及累计折旧；⑥无形资产各项目原值、累计摊销额、减值准备；⑦应付账款的详细情况；⑧应付职工薪酬的详细情况；⑨应交税金的详细情况；⑩预计负债、股本情况、资本公积的详细内容等。

第二，利润表附注信息：①营业税金及附加；②财务费用；③分部报告情况等。

第三，现金流量表附注信息：①收到的其他与经营活动有关的现金；②支付的其他与经营活动有关的现金。

（6）或有和承诺事项、资产负债表日后非调整事项、关联方关系及其交易等需要说明的事项。

第一，或有和承诺事项，主要披露预计负债、未决诉讼等。

第二，资产负债表日后调整事项，是指资产负债表日至财务报表批准报出日之间发生的有利或不利事项，包括资产负债表日后调整事项和资产负债表日后非调整事项两种类型。

第三，关联方关系及其交易。在存在控制关系的情况下，关联方如为企业，不论他们之间有无交易，都应当在会计报表附注中披露如下事项：①企业经济性质或类型、名称、法定代表人、注册地、注册资本及其变化；②企业的主营业务；③所持股份或权益及其变化。

在企业与关联方发生交易的情况下，企业应当在会计报表附注中披露关联方关系的性质、交易类型及其交易要素，这些要素一般包括：①交易的金额或相应比例；②未结算项目的金额或相应比例；③定价政策（包括没有金额或只有象征性金额的交易）。

关联方交易应当分别对关联方以及交易类型予以披露，类型相同的关联方交易，在不影响会计报表阅读者正确理解的情况下可以合并披露。

另外，企业应当在附注中披露在资产负债表日后、财务报告批准报出日前提议或宣布发放的股利总额和每股股利金额（或向投资者分配的利润总额）。

3. 财务报表附注重点项目分析

（1）折旧政策变更、权益性金融资产归类及合并政策的分析

《中华人民共和国会计法》（以下简称《会计法》）第十八条规定，各单位采用的会计处理方法，前后各期应当一致，不得随意变更；确有必要变更的，应当按照国家统一的会计制度的规定变更，并将变更的原因、情况及影响在财务会计报告中说明。因此，企业不能随意变更会计政策，除非存在特殊条件：一是法律或《企业会计准则》等行政法规、规章的要求，主要是指当前的《企业会计准则》、会计制度等相关法规对企业现行的会计政策做出新的调整要求之后，企业应当完全按照有关法规来执行新的会计政策。二是变更会计政策以后，能够使所提供的有关企业财务状况、经营成果和现金流量的信息更可靠、更相关。

会计报表附注中对企业会计政策的变更主要说明以下内容：①会计政

策变更的内容和理由；②由于会计政策的变更对以前经营成果核算资料的影响；③如果对以前经营成果核算资料的影响不能合理确定，要说明其理由；④企业会计政策变更对当期经营成果核算的影响。

合理的会计政策、会计估计变更往往会挤去经营成果中存在的水分，使会计信息的质量更为可靠和真实。但企业可能会出于盈余管理的目的，随意变更会计政策和会计估计。

二、审计报告

审计报告是指注册会计师根据独立审计准则的要求，在完成必要的审计程序以后而出具的对被审计单位财务报表表示意见的具有法定证明效力的书面文件。注册会计师对公司财务报表进行检查，并对财务报表的合法性、公允性和一贯性做出独立鉴证，以增强会计报表的可信性。

1. 审计报告的基本内容

（1）标题。统一规范为"审计报告"。

（2）收件人。按照业务约定书的要求致送审计报告的对象，通常为被审计单位的股东或管理层，如 ABC 股份有限公司全体股东。

（3）引言。引言指明被审计单位财务报表的名称、日期或涵盖的期间及重要会计政策概要和其他解释性信息。

（4）管理层对财务报表的责任段。管理层的责任段指明编制财务报表是管理层的责任。如果结合财务报表审计对内部控制的有效性发表意见，注册会计师应当删除责任段中"但目的并非对内部控制的有效性发表意见"的措辞。

（5）注册会计师的责任段。

（6）审计意见段。审计意见段表明财务报表是否在所有重大方面按照财务报告编制基础编制并实现公允反映发表审计意见。如果存在法律法规要求在审计报告中报告的事项,在审计报告增加"其他报告"的段落。

(7)注册会计师的签名和盖章。审计报告采用双签制:①合伙会计师事务所,应当由一名对审计项目负最终复核责任的合伙人和一名负责该项目的注册会计师签名盖章;②有限责任会计师事务所,应当由会计师事务所主任会计师或其授权的副主任会计师和一名负责该项目的注册会计师签名盖章。

(8)会计师事务所的名称、地址及盖章。标明会计师事务所所在城市即可。

(9)报告日期。审计报告日期不应早于管理层签署财务报表的日期,也不应早于管理层签署书面声明的日期。签署审计报告的日期通常与管理层签署财务报表的日期为同一天,或晚于管理层签署已审财务报表的日期。注册会计师在确定审计报告日期时,应当确信已获取下列审计证据:构成整套财务报表的所有财务报表已编制完成;被审计单位的董事会、管理层或类似机构已经认可其对财务报表负责。

2. 审计报告的类型及分析

(1)审计报告的类型

1)标准审计报告。标准审计报告是指不含有说明段、强调事项段、其他事项段或其他任何修饰性用语的无保留意见的审计报告。无保留意见审计报告是指注册会计师对上市公司的会计报表进行全面审计后,发表肯定性意见的一种审计报告。无保留意见意味着注册会计师认为上市公司的会计报表和有关会计记录在所有重大方面符合我国《企业会计准则》和《企业会计制度》的规定,合法、公允和一致性地反映了上市公司在某一时点上的财务状况和某一时期内的经营成果及现金流量情况。

2)非标准审计报告。非标准审计报告,是指带强调事项段或其他事项段的无保留意见的审计报告和非无保留意见的审计报告。

3)非无保留意见的审计报告。非无保留意见的审计报告包括保留意见的审计报告、否定意见的审计报告和无法表示意见的审计报告。

保留意见的审计报告是注册会计师对上市公司的会计报表进行全面审计后，发表的在整体上对公司的会计报表予以肯定，但因个别方面存在重要错误或问题而给予的一种大部分肯定、局部否定或不表态的评价意见。有保留意见的情形包括：①个别事项或项目不符合《企业会计准则》；②审计范围受到重要的局部限制，无法取证；③个别会计处理方法的选用不符合一贯性原则；④存在影响会计报表的个别重大或有损失、未确定事项。对有保留意见的情形进行调整后的会计信息才是真实客观的，应由上市公司自行调整。财务报表使用者进行分析时，应调整相关数据。

否定意见的审计报告是注册会计师对上市公司的会计报表进行全面审计后，发表的全盘否定公司会计报表的审计报告。存在下述情况之一时，应当出具否定意见的审计报告：①会计处理方法严重违反《企业会计准则》和国家其他有关财务会计法规的规定，被审计单位拒绝进行调整；②会计报表严重歪曲了被审计单位的财务状况、经营成果和现金流量情况，被审计单位拒绝进行调整。否定意见的审计报告的提出会使上市公司陷入困境，财务报表使用者也就不能用正常的思维方式和方法对其财务报表中的内容进行阅读和分析。

无法表示意见的审计报告是注册会计师对上市公司的会计报表进行全面审计后出具的既不发表肯定和保留意见，也不发表否定意见的报告。在审计过程中，由于审计范围受到委托人、被审计单位或客观环境的严重限制，不能获取必要的审计证据，以致无法对会计报表整体反映发表审计意见时，应当出具拒绝表示意见的审计报告。典型的审计范围限制有以下几种情况：①未能对存货进行监盘；②未能对应收账款进行函证；③未能取得被投资公司的会计报表；④被审计公司内部控制极度混乱，账面记录缺乏系统性、完整性。这些范围限制可能是客户强加的，也可能是环境造成的。审计人员应根据具体情况判断受范围限制的严重程度，从而确定发表保留意见或拒绝表示意见。

（2）审计报告的分析

1）审计报告的强调事项段。审计报告的强调事项段是指审计报告中含有的一个段落，该段落提及已在财务报表中恰当列报或披露的事项，根据注册会计师的职业判断，该事项对财务报表使用者理解财务报表至关重要。

2）审计报告的其他事项段。审计报告的其他事项段是指审计报告中含有的一个段落，该段落提及未在财务报表中列报或披露的事项，根据注册会计师的职业判断，该事项与财务报表使用者理解审计工作、注册会计师的责任或审计报告相关。

3.审计报告的局限性

从被审计企业的角度来看，企业可能存在舞弊行为，因而有较大的未能查出相关问题的风险。从注册会计师角度看，由于成本限制、时间限制、专业判断偏差，以及审计方法审计过程局限性等因素，审计报告不能作为一种绝对的评价意见，也不能被认为是对被审计企业持续经营、获利能力和偿债能力的一种保证。审计报告的使用者应按约定的要求、范围使用审计报告。

三、合并财务报表

合并财务报表又称合并会计报表，是以母公司和子公司组成的企业集团为会计主体，以母公司和子公司单独编制的个别会计报表为基础，抵消内部会计事项对个别会计报表的影响，由母公司编制的综合反映企业集团经营成果、财务状况及其现金流量的会计报表。合并财务报表主要包括合并资产负债表、合并利润表、合并所有者权益变动表（或合并股东权益变动表）和合并现金流量表。合并财务报表最早出现于美国，第一份合并财务报表在1886年由美国科顿石油托拉斯公司编制。

合并财务报表由母公司编制，它可以为有关方面提供有关决策的会计信息，弥补母公司个别财务报表的不足。一般来说，编制合并财务报表是为了满足母公司的投资者和债权人等有关方面对会计信息的需要。合并财务报表的作用体现在以下两个方面：一是合并财务报表能够对外提供反映由母子公司组成的企业集团整体经营情况的会计信息，以满足各利益相关者的信息需求；二是合并财务报表有利于避免发生一些企业集团利用内部控股关系，通过内部转移价格等手段人为粉饰财务报表的情况。

1. 合并财务报表和个别财务报表的区别

（1）合并财务报表反映的是母公司和子公司所组成的企业集团整体的财务状况和经营成果，反映的对象是由若干个法人组成的会计主体，是经济意义上的会计主体，而不是法律意义上的主体。个别财务报表反映的则是单个企业法人的财务状况和经营成果，反映的对象是企业法人。对于由母公司和若干个子公司组成的企业集团来说，母公司和子公司编制的个别财务报表分别反映母公司本身和子公司本身各自的财务状况和经营成果，而合并财务报表则反映母公司和子公司组成的集团这一会计主体综合的财务状况和经营成果。

（2）合并财务报表由企业集团中对其他公司有控制权的控股公司或母公司编制。也就是说，并不是企业集团中所有企业都必须编制合并财务报表，更不是社会上所有企业都需要编制合并财务报表。与此不同，个别财务报表是由独立的法人企业编制，所有企业都需要编制个别财务报表。

（3）合并财务报表以个别财务报表为基础进行编制。企业编制个别企业财务报表，从设置账簿、审核凭证、编制凭证、登记会计账簿到编制财务报表，都有一套完整的会计核算方法体系。而合并财务报表不同，它是以纳入合并范围的企业的个别财务报表为基础，根据其他有关资料，抵销有关会计事项对个别财务报表的影响编制的，它并不需要在现行会计核算方法体系之外单独设置一套账簿体系。

（4）合并财务报表的编制有其独特的方法。个别财务报表的编制有其自身固有的一套编制方法和程序。合并财务报表是在对纳入合并范围的个别财务报表的数据进行加工的基础上，通过调整，将企业集团内部的经济业务对个别财务报表的影响予以抵销，然后合并个别财务报表各项目的数额而编制的。因此，编制合并财务报表时，需要运用一些特殊的方法，如编制抵销分录、运用合并工作底稿等。

2.合并财务报表的合并理论依据

（1）母公司理论。母公司理论是一种站在母公司股东的角度，来看待母公司与其子公司之间的控股合并关系的合并理论。这种理论强调母公司股东的利益，它不将子公司当作独立的法人看待，而是将其视为母公司的附属机构。依据这一理论编制的合并财务报表，要反映母公司股东在母公司本身的利益，以及他们在母公司所属子公司的净资产中的利益。当母公司并不拥有子公司 100% 的股权时，要将子公司的少数股东视为集团外的利益群体，将这部母公司理论编有的权益（少数股权）视为整个集团的负债。

依据母公司理论编制合并财务报表，实际上是在母公司个别财务报表的基础上扩大其编制范围。合并资产负债表实际上是在母公司个别资产负债表的基础上，用所有子公司的资产、负债来代替母公司个别资产负债表上的"对子公司股权投资"项目，合并主体的所有者权益只反映母公司的所有者权益，而不包括子公司的所有者权益。与此类似，合并利润表实际上是在母公司个别利润表的基础上，用子公司的各收入、费用项目代替母公司个别利润表上的"投资收益——对子公司投资收益"项目；合并净利润中不包括子公司少数股东所持有的子公司净利润的份额，而将其视为企业集团的一项费用。

（2）实体理论。实体理论是一种站在由母公司及其子公司组成的统一实体的角度，来看待母子公司间的控股合并关系的合并理论。它强调单一管理机构对一个经济实体的控制。依据这一理论，编制合并财务报表的目的在于，提供由不同法律实体组成的企业集团作为一个统一合并主体进行经营的信息。因此，母公司及其子公司的资产、负债、收入与费用，也就是合并主体的资产、负债、收入与费用。依据实体理论编制合并财务报表时，如果母公司未能持有子公司100%的股权，则要将子公司净资产（资产减负债后的净额）区分为控股权益与少数股权。尽管少数股权只与少数股东持有股份的子公司有关，但在依据实体理论编制合并财务报表时，少数股权与控股权益一样，也属于合并主体的所有者权益的一部分。合并利润表上的合并净利润，包括子公司少数股东所持有的子公司净利润的份额。

（3）所有权理论。所有权理论也称业主权理论，它是一种属于母公司在子公司所持有的所有权的合并理论。依据这一理论，编制合并财务报表时，对于子公司的资产与负债，只按母公司所持有股权的份额计入合并资产负债表；对子公司的收入、费用与利润，也只按母公司持有股权的份额计入合并利润表。

应当指出，母公司在实际编制合并财务报表时，往往不是单纯运用上述合并理论中的某一种，而是综合运用不同的合并理论。

3. 合并财务报表范围

（1）母公司拥有半数以上表决权的被投资单位应当纳入合并财务报表的合并范围的具体情况如下：①母公司直接拥有被投资单位半数以上表决权；②母公司间接拥有被投资单位半数以上表决权，即母公司通过子公司而对子公司的子公司拥有半数以上表决权，如甲持有乙90%股份，乙持有丙80%股份，则甲间接拥有丙80%股份；③母公司直接和间接方式合计拥有被投资单位半数以上表决权，如甲拥有乙60%股份，并拥有丙40%股份，而乙拥有丙30%股份，则甲通过乙间接拥有丙30%股份，甲直接和间接拥有丙70%的表决权。

（2）母公司拥有半数以下表决权的被投资单位纳入合并财务报表合并范围的具体情况如下：①母公司通过与被投资单位其他投资者之间的协议，持有被投资单位半数以上表决权；②母公司根据公司章程或协议，有权决定被投资单位的财务和经营政策；③母公司有权任免被投资单位的董事会或类似机构的多数成员；④母公司在被投资单位董事会或类似机构占多数表决权。

4.合并财务报表的局限性

（1）合并财务报表不能满足债权人的信息要求。

（2）合并财务报表不能满足股东的信息要求。

（3）合并财务报表对其他外部信息使用者不具有决策依据性。

（4）合并财务报表不能真实反映拥有境外子公司的企业集团的经济信息。

（5）合并财务报表会使计算所得的财务比率失去实际意义。

5.合并财务报表重点项目分析

（1）关注合并财务报表的会计主体。会计主体是母公司与子公司所组成的企业集团，不是独立法人，而是观念上的会计主体。

（2）关注合并财务报表的编制方法。合并财务报表的正确性不再体现为财务报表的"可验证性"，而是体现为财务报表编制过程逻辑关系的正确性。

（3）关注合并财务报表的合并范围。在一定条件下，母公司可能出于某种考虑，而故意把某些子公司排除在合并范围以外，这一点应引起财务报表使用者的注意。

（4）关注合并财务报表所揭示的信息含量。其作用包括以下几点。

第一，可以揭示内部关联交易的程度。关联交易在编制合并财务报表时，均被剔除。应收款项、存货、长期投资、应付款项、营业收入、营业成本、投资收益等项目越合并越少，则企业集团内部关联交易越大。

第二，可以展示以上市公司为母公司所形成的纳入合并财务报表编制范围的企业集团存在的资源规模及其结构。

第三，可以通过比较相关资源的相对利用效率来揭示企业集团内部管理的薄弱环节。

第二章　创造价值的物质基础

第一节　资产的质量

一、资产质量的内涵

按照质量大师克劳士比的话说，质量就是符合要求。那么，对资产的要求就是通过对其进行安排与使用，使其预期效用能够最大限度地发挥。因此，资产的质量就是指资产在特定的经济组织中实际发挥的效用与其预期效用之间的吻合程度。不同项目资产的属性各不相同，企业预先对其设定的效用也就各不相同。此外，不同的企业或同一企业在不同时期、不同环境之下，对同一项资产的预期效用也会有所差异。因此，对资产质量的分析要结合企业特定的经济环境，不能一概而论，要强调资产的相对有用性。企业在资产的安排和使用程度上的差异，即资产质量的好坏，将直接导致企业实现利润、创造价值水平方面的差异。因此，不断优化资产质量，促进资产的新陈代谢，保持资产的良性循环，是决定企业能否长久地保持竞争优势的源泉。

二、资产质量的属性

1. 资产质量的相对性

从财务分析的角度看，资产质量主要关注的并不是资产的物理质量。资产的物理质量主要通过资产的质地、结构、性能、耐用性、新旧程度等表现出来。资产的物理质量对企业财务状况的影响是明显的，在比较一项具体资产的质量时，资产的物理质量更为重要。资产的物理质量是资产质量的基础，不达到资产的物理质量要求也就意味着资产质量的恶化，但是达到了物理质量要求的资产也不能确定资产质量的好坏，因为物理质量只强调了资产本身的质量，而忽视了其在系统中的角色，即在企业的经营活动中能否发挥其应有的作用。因此，资产质量应更多地强调在生产经营中为企业带来的未来收益的质量。资产质量会因所处的企业背景不同而有所不同，包括宏观经济环境、企业所处的行业、企业的生命周期、企业的不同发展战略等。企业的某项闲置资产对于其他企业来讲有可能是优质资产，这就为企业进行资产重组改善资产质量以及整个社会的资源再配置创造了条件。

在移动互联网时代，商业模式创新日新月异，同样的资产项目，按照不同的商业模式加以运用，创造的价值会迥然不同，所表现出来的资产质量也就大相径庭。此外，基于物联网的工业4.0将颠覆传统的制造模式。具有个性化定制、脱媒化营销、网络协作等特点的智能制造，更加注重生产厂商、材料供应商、技术开发商、品牌代理商和产品经销商之间的协同效应，强调分工协作、优势互补。因此，在"资源整合定成败"的移动互联网时代，企业的资产质量还将取决于商业模式、整合效应等更多因素，因此，其相对性特征将更加明显。

2.资产质量的时效性

技术变革、消费者偏好、竞争环境等因素的变化对企业的资产质量均会造成影响。例如，去年某项无形资产会给企业带来超额利润，但今年出现了新的技术专利，企业的无形资产相对贬值。这就要求企业必须不断投入研发费用，持续保持技术领先。在有形资产方面，设备可能会因企业的产业结构或产品结构变化而闲置，从优质资产变成不良资产；存货有可能因消费者偏好发生变化而卖不出去；信誉优良的赊销客户有可能面临破产危机而导致应收账款回笼困难等等。企业的资产质量会随着时间的推移不断发生变化，研究资产质量，应强调其所处的特定历史时期和宏观经济背景。

3.资产质量的层次性

一个经济效益好、资产质量总体上优良的企业，也可能有个别资产项目质量很差。而一个面临倒闭、资产质量总体上很差的企业，也可能会有个别资产项目质量较好。因此，研究企业的资产质量，一定要分层次进行，不但要从企业资产总体上把握，确定企业资产整体质量的好坏，还有必要分项目展开分析，根据各项资产的具体特征和预期效用，逐一确定各个资产项目的质量。此外，从企业战略层面进行考察，还应关注资产的结构质量。通过资产结构质量分析考察企业经营战略的制定和实施情况，透视企业的管理质量，再从总体上判断企业的资产质量。

三、资产项目质量特征

资产项目的质量特征是指企业针对不同的资产项目，根据自身的属性和功用所设定的预期效用。由于流动资产、对外投资、固定资产在企业经营中所发挥的作用不同，企业对各类资产预期效用的设定也就各不相同，因而，资产的不同项目具有各自的质量特征。但总的来说，研究各个资产项目的质量特征，可以从资产的营利性、周转性和保值性三个方面进行分析。

(一) **资产的营利性**

资产的营利性,是指资产在使用中为企业带来经济效益的能力,它强调的是资产能够为企业创造价值这一效用。资产是指由企业过去的交易或事项引起,为企业拥有或控制,能够给企业带来未来经济效益的经济资源。因此,对资产有营利性的要求是毋庸置疑的,它是资产的内在属性,是其存在的基础。资产质量好的公司营利性一般较高,而通过保持企业稳定的盈利能力就能够确保企业的资产升值,因此,资产的营利性是资产运作结果最综合的表现,也是提升资产质量的条件。

(二) **资产的周转性**

资产的周转性,是指资产在企业经营运作中的利用效率和周转速度,它强调的是资产作为企业生产经营的物质基础而被利用的效用。同行业企业相比较,相同资产条件下,周转速度越快,说明该项资产与企业经营战略的吻合性越高,对该资产利用得越充分,资产为企业赚取收益的能力越强。因此,资产的利用越频繁,也就越有效,说明其质量越高。如果资产闲置,资产的周转性必然会受到损害,质量就较差。马克思认为资产的周转性非常重要,他在《资本论》中提出,提高资本周转速度对实现剩余价值或资本增值至关重要。

(三) **资产的保值性**

资产的保值性,是指企业的非现金资产在未来不发生减值的可能性。在实务中,当企业的资产账面净值低于其可回收金额(即公允价值)时,通常要对其进行减值处理。资产发生减值,一方面会给企业带来减值损失,影响企业的当期业绩;另一方面会使债权人在受偿时蒙受损失(如抵押贷款),影响企业的未来信用。对于应收账款、存货等流动资产项目来说,发生减值后,随着债权人财务状况好转、市场经济状况回暖等,价值回升的可能性依然存在。但对于固定资产、无形资产以及长期股权投资等非流动资产来说，发生减值往往都是由于技术落后、被投资企业失去盈利能力等一些永久性因素，日后几乎不再有价值回升的可能。因此，对于非流动资产来说，分析其保值性的意义在于预测这些资产项目在未来进一步发生减值的可能性，为债权人等相关信息使用者提供非常有价值的资产信息。

第二节 货币资金的质量

一、货币资金的形式与列报

如何了解一个企业的货币资金状况，要从企业财务报表中识读货币资金。企业的货币资金由库存现金、银行存款与其他货币资金三个科目进行核算，并将其期末余额列示于资产负债表的货币资金项目。一般情况可由这个项目了解货币资金的规模，并进行资产结构、偿债能力的分析。但是，对货币资金的分析不能简单地看科目余额与报表项目，而要从货币资金的性质用途去分析相关资产，捋清广义货币资金的列报。因此，要对狭义的货币资金做加法和减法。加法就是考虑隐形货币资金，将未纳入货币资金科目核算的、未在资产负债表中货币资金项目列报的具有类货币资金性质的资产纳入并分析。减法就是去掉纳入货币资金科目核算的但是不能随时方便地用于支付的、未能有效发挥货币资金作用的货币资金。

(一) 资产负债表项目的货币资金

资产负债表项目的货币资金包括库存现金、银行存款与其他货币资金三个总账科目的余额。其他货币资金包括外埠存款、银行汇票存款、银行本票存款、信用证保证金存款、信用卡存款、存出投资款等。

(二) 理财产品的列报

公司一般不会把所有闲置资金都存银行，大多会去买理财产品。这种理财产品风险较低，流动性等同于货币资金，可以认为是"准"货币资金。本质上具有货币资金属性，但是不作为货币资金列报的定期存款、结构性存款、部分理财产品被视为隐形货币资金，财报分析时应予以识别。

（1）对于结构性存款的列报

一般来说，结构性存款在新金融工具准则下是不能分拆的，而且，该企业的结构性存款与利率、汇率、贵金属或大宗商品行情挂钩，故不能通过本金加利息的合同现金流量测试（SPPI），所以就整体指定为以公允价值计量且变动计入当期损益（FVTPL）类别的金融资产。当然，实质上为固定利率的，其期末公允价值可按"本金+按实质上固定利率计算的累计应计利息"计算。

（2）对于理财产品的列报

对于保本保息类的理财产品等参考定期存款的列报，分类至以摊余成本计量的金融资产，报表上根据其原始期限和剩余期限，分别列报为"其他流动资产""债权投资"或"一年内到期的非流动资产"；而不保本不保息或保本不保息的理财产品应分类为以公允价值计量且变动计入当期损益（FVTPL）类别的金融资产，报表上根据其原始期限和剩余期限，分别列报为"以公允价值计量且变动计入当期损益的金融资产""其他非流动金融资产""一年内到期的非流动资产"等。

上述理财产品、定期存款等，取得时的原始剩余期限超过一年，但截至资产负债表日的剩余期限在一年以内（含一年）的，其中，将于资产负债表日后一年内到期的部分应重分类到"一年内到期的非流动资产"项目列报。

（三）银行定期存款的列报

当企业选择比较稳健的理财方式时，会将部分资金以定期存款的形式存在银行以获取稳定收益。银行定期存款的会计核算和列报区别于企业日常核算中常见的活期储蓄，因为银行定期存款到底能否真正持有至到期，在很大程度上取决于企业管理层的意图以及企业的财务能力。

如何列报取决于两个条件：一是公司管理层对于持有定期存款的意图，有无明确的书面文件或财务承诺表述持有目的只是为了赚取高于活期存款利息的利息收益，而不是为了满足短期内现金管理的需求。二是公司是否具备相应的财务能力，即从甲公司目前的财务能力判断，不需要在到期日之前提前支取以满足对外支付的现金需求。

同时符合这两个条件的：

本质上符合持有至到期投资的特征（除了没有活跃市场之外），应当可以在每一期末按照定期利率计提利息收入。但与之相对应，在现金流量表上不能将这部分定期存款的本息作为现金或现金等价物列报。根据到期日距离资产负债表日的时间长短，一年以内的在"其他流动资产"科目列报，超过1年的在"其他非流动资产"科目列报。因为银行定期存款在活跃市场中没有报价，属于贷款和应收款项性质的金融资产，所以，不应分类为持有至到期投资。在现金流量表的主附表中，案例中的银行定期存款不作为期末、期初现金及现金等价物。

向银行储存支付定期存款时，计入"投资活动——支付其他与投资活动有关的现金"；当到期收回银行定期存款本金时，计入"投资活动——收到其他与投资活动有关的现金"；当到期收到利息收入时，计入"收到其他与经营活动有关的现金"（与利润表中计入"营业收入"相对应）。

不同时具备两个条件的：

如果管理层没有将定期存款持有至到期的明确意图或财务能力，则在到期日之前，并不能保证其最终可以获得按定期存款利率计算的利息收入。随时可能在现金不足时提前支取用于支付用途的，则应继续保留在"银行存款"科目中，报表上列报为货币资金。相应地，现金流量表上仍作为现金及现金等价物列报。即：向银行储存支付定期存款和收回定期存款本金时，属于银行各账户内部的变化，不计入现金流量表项目；当定期存款到期收到利息收入时，计入收到其他与经营活动有关的现金。

二、货币资金质量分析

货币资金是指企业拥有的，以货币形式存在的资产，是企业资金运动的起点和终点，现金流量表的结果就是货币资金的变动额。

货币资金可信度是非常高的，因为审计时，一般依据银行询证函，要求所有的账户必须回函，因此，货币资金尤其是银行存款造假的可能性非常低。越来越多的投资者开始关注公司账面货币资金余额。

（一）货币资金的规模及构成质量

货币资金可直接用于购买商品或劳务、偿还债务，是企业资产中最活跃的、流动性最强的，是重要的支付手段和流通手段。企业账面上的货币资金很重要，因为，太多企业出现问题都是货币资金（资金链）出现了问题。因此，货币资金也被视为"防御型"资产，为避免资金链出问题，公司账上的资金越多越保险。但是，账面上的货币资金状态并不都一样，支付效力也不一样。

1.受限的货币资金

银行存款中可能存在受限资金，包括外埠存款、银行汇票存款、银行本票存款、信用证存款和信用卡存款等，这些资金一般在其他货币资金核算，不可以随意使用。公司年报和半年报披露时，附注里面都会详细说明。

2.隐藏的货币资金

虽然货币资金越多越保险，但是货币资金的盈利能力差，企业留存过多的货币资金会降低资金的利用效率，很多公司都在使用货币资金理财。而理财的货币资金并未列示于"货币资金"项目，在分析时要依据财务报表附注信息找出列报于其他项目的货币资金。但是，其他流动资产并非全部是理财产品，核算的内容非常多，需细看报表附注信息。理财产品还有可能在交易性金融资产、其他非流动资产等科目中核算，区别在于理财产品的期限和上市公司的管理要求。

3.货币资金资金来源

货币资金是期末余额，是时点数，因此，有些账面不富裕的公司为了使报表好看，会在6月30日或者12月31日这个时点去拆借资金。这种操作不是通过短期借款，因为短期借款大多核算银行借款，银行一般不会参与，大多是通过其他应付款核算，往往比较隐蔽，一般的投资者可能不会注意。所以，在分析货币资金时需观察企业是否同时存在大额短期付债。

（二）货币资金运用能力

公司的资产规模以及业务规模：一般而言，公司的资产总额越大，与之相对应的货币资产规模也跟着变大。其中的业务越是频繁，货币资产就会越多。公司对货币资金的运用能力：货币资金的运用会存在"效率"与"效益"两者之间的问题。如果上市公司运用货币资金的能力越强的话，那么资金在公司的内部周转的速度就会很快，公司就没有必要去保留那些过多的资金。公司的业务特点：对于不同行业之间的公司来说，合理的货币资金规模难免会有所差异，投资者可以通过统计年鉴表或者利用网络查询历史数据。

第三节　应收款项的质量

一、应收款项的作用

应收账款是指企业在正常的经营过程中因销售商品、产品、提供劳务等业务，应向购买单位收取的款项，包括应由购买单位或接受劳务单位负担的税金、代购买方垫付的包装费各种运杂费等。应收账款的作用是扩大销售，增加产品的市场竞争力；减少库存，降低存货跌价风险和储存成本。

二、应收款项的风险

(一) 应收账款占用资金

在利润表中已经确认了营业收入和利润,但是在现金流量表中没有收回货款,同时,企业需要垫交税款,比如随着收入确认需要上交增值税,随着利润确认主要上交所得税,又或者根据利润进行的现金分红。这些都占用了大量的流动资金,可能会影响企业资金的周转。因此,高应收账款其实是高危的,不仅会大大占用企业的现金流,还会影响企业的现金流。

(二) 应收账款影响营业收入的质量

由于我国企业实行的记账基础是权责发生制,当期赊销全部记入当期收入。因此,企业的账上利润并不表示代表现金流入,需要同时注重经营现金流的原因。此外,会计制度要求企业按照应收账款余额的百分比来提取坏账准备,坏账准备率一般为3%–5%。如果实际发生的坏账损失超过提取的坏账准备,会给企业带来很大的损失,换句话说,企业存在坏账准备计提不足的可能性。因此,企业如果存在较多的应收账款,等于"虚增"营业收入,在一定程度上夸大了企业经营成果,增加了企业的风险成本。

三、应收款项分析

(一) 动态分析

动态分析是指应收账款的增幅与营业收入增幅的对比,两者增幅理论上应该是同比例增长。对于成长阶段企业来说,如果应收账款的增幅大于营业收入的增幅,那么存在公司牺牲应收账款来增加收入的可能性。

应收账款趋势性变化主要有内因和外因变化:外因是行业环境发生变化,市场供求变化;内因则是企业自身的变化。内因又有两个方面,一是企业由成长期走向成熟期，或者由成熟期走向衰退期；另一方面是企业转型。

比如某家居用品企业，其营业收入从 2010 年的 7 亿增长至 2017 年的 32 亿，应收账款则从 1 亿增长至 11 亿，可以看到应收/收入的比例一直在提高，由 2010 年的 21% 增长至 2017 年的 33%，企业通过放宽信用政策增加了销售金额。

（二）静态分析

静态分析是指应收账款占主营业务收入的比重，理想情形下应保持在一定范围内，如果比例不断增长，那就是牺牲应收账款来换取收入的可能性。可以进行同业横向对比，应收账款占营业收入的比例越低，则说明企业对下游公司的议价能力越强。

（三）应收账款周转率分析

应收账款周转率又叫收账比率，是指在一定时期内（通常为一年）应收账款转化为现金的平均次数。表明应收账款周转的速度，周转得越快风险越低。它的辅助指标是应收账款周转天数，指企业从取得应收账款的权利到收回款项、转换为现金所需要的时间。

（四）账龄分析

账龄分析就按照应收账款存续时间分组计算余额，一般会按照 6 个月以内，1-2 年、2-3 年、3-5 年以及 5 年以上的期限来分。期限越长风险越大，相应坏账计提比例也越大。

某电池企业，2017 年应收账款余额高达 36 亿，而净资产只有 18 亿。分析其账龄 99.78% 以上均在 6 个月之内，安全系数很高。某集团的应收账款余额 103 亿，其中超过一年的为 29 亿，尤其是 2 到 3 年账龄的高达 20 亿，计提了 6 亿元的坏账准备。

（五）坏账政策分析

应收账款计提比例，越谨慎越好。坏账准备是根据计提比例计提的，一般情况下，坏账准备计提政策一经确定，不得随意改变。但是，如果有明确证据表明可以改，那么还是可以改的，这就成了调节利润的一个手段。

关注坏账准备计提时就要了解企业的坏账准备计提政策，并关注同行业对比。

一般可以通过同行业对比来判断企业坏账计提的保守还是激进，对于从净利润角度考虑的投资者来说，坏账准备计提越充分越好。

可以依据公司坏账准备计提政策与应收账款账龄推测下年度坏账准备的资产减值金额。当长期不能收回的应收账款占比越来越大，客户出现信誉问题等导致应收账款质量越来越差时，公司有可能大额计提减值损失。

应收账款坏账政策变更也是利润调节的手段之一，比如某数字公司2018年8月披露更改公司的应收账款会计估计政策，3个月以内应收账款的坏账计提比例从5%降低至0.1%，6（不含）-12个月的应收账款坏账计提比例从5%提高至10%。看似一个提高一个降低，但是考虑到公司主要应收账款账龄为3个月以内，所以公司表示本次会计估计变更将增加2018年半年度公司归属于上市公司股东净利润558.32万元，占2018年半年度归属于上市公司股东净利润的8.38%。

（六）应收账款客户分析

要了解客户群体是什么人，是否是关联方，偿债能力如何。一般情况下，公司最多披露一下前五大客户，大多数还不披露客户名称，因此做好客户分析很难，只能作为一种补充和参考。

四、应收票据的质量分析

企业的应收票据指的是商业汇票，分为银行承兑票据和商业承兑票据，商业承兑汇票由银行以外的付款人承兑，银行承兑汇票由银行承兑。应收票据的收款保障高于应收账款，票据中的银行承兑汇票收款保障又高于商业承兑汇票。一般认为，银行承兑汇票是没有非系统性风险的，到期都能兑付。但是有这样的案例：2019年8月，某股份公司公告"截至7月31日其持有的3.38亿元银行承兑汇票出现逾期未偿付情况，截至7月31日尚有4.94亿元未来可能被后手贴现方追索的银行承兑汇票，这些银行承兑汇票均为金融机构开出"。

最初，银行承兑汇票就是指由银行承兑的汇票，并不包括财务公司承兑的汇票。2009年，人民银行颁布了《电子商业汇票业务管理办法》，第二条：电子商业汇票分为电子银行承兑汇票和电子商业承兑汇票。电子银行承兑汇票由银行业金融机构、财务公司（以下统称金融机构）承兑；电子商业承兑汇票由金融机构以外的法人或其他组织承兑。此后，财务公司承兑的电子商业汇票也纳入了银行承兑汇票里。因此，应收票据科目中银行承兑汇票包含了可以吸收公众存款的银行承兑的汇票和财务公司承兑的汇票。

财务公司偿还能力与能吸收公众存款的银行的偿还能力不可相提并论，由财务公司承兑的银行承兑汇票有因财务公司出现问题导致票据到期无法收回票款的风险。银行资本充足率的严格要求以及吸收公众存款的便利性，使得银行更有可能垫付票款。

第四节　存货的质量

存货是企业的重要资产，与货币资金、债权构成流动资产的三大支柱。依据会计准则，存货是指企业在日常活动中持有以备出售的产成品或商品、处在生产过程中的在产品、在生产过程或提供劳务过程中耗用的材料或物料等。工业企业包括各类材料、在产品、半成品、产成品或库存商品以及包装物、低值易耗品、委托加工物资等。存货的种类品目繁杂、数量众多，管理要求高，审计难度大。

一、存货的规模与构成分析

存货的规模过大过小都不好，合适才是最好。不同行业、不同商业模式企业的存货规模、存货内容、价值大相径庭，不可直接横向比较，应在同一行业内进行比较，或者同一企业历史纵向比较分析。

（一）制造业存货规模与构成分析

存货规模应与生产销售规模一致，制造企业一般为防止突发事件会有1-3个月的备货。随着生产规模的扩大存货会同比增长甚至更快，这也是有些企业在成长期现金流吃紧的原因。

存货随营业收入增长对比表

公司名称	项目	2018年（亿元）	较上年增长	2017年（亿元）	较上年增长	2016年（亿元）	较上年增长	2015年（亿元）
A公司	营业收入	296.00	48.00%	200.00	34.23%	149.00	161.27%	57.03
	存货	70.76	107.02%	34.18	151.32%	13.60	30.52%	10.42
B公司	营业收入	2000.00	33.33%	1500.00	36.24%	1101.00	9.44%	1006.00
	存货	200.10	20.76%	165.70	83.60%	90.25	-4.74%	94.74
C公司	营业收入	9022.00	3.63%	8706.00	15.10%	7564.00	12.83%	6704.00
	存货	589.40	17.79%	500.40	35.10%	370.40	-0.54%	372.40
D公司	营业收入	174.20	25.87%	138.40	24.80%	110.90	19.04%	93.16
	存货	10.31	30.56%	7.90	24.05%	6.37	21.72%	5.23

由上表可以看出存货与营业收入的同向增长。A公司近几年营收快速增长，复合增长率73%，存货呈献89.36%的更大的复合增长率。B公司、D公司也获得了理想的营收增长，并伴随存货的适应增长。C公司的营收增长略缓，存货增长也比较慢。

某上市公司的情况就大为反常，2013年至2017年收入实现高速增长，而存货增长微乎其微。5年间收入累计增幅369%，总资产增长了430%，而存货增长仅为30%。存货占总资产的比重由2013年的5.83%降至2018年的1.77%，支撑31亿元销售额的存货如何能够撑得起118亿元销售额？这样的数据不符合制造企业运营逻辑。对比一下同行业的数据：市值1000亿美元以上的3M公司，其存货占比多年维持在10%和12%之间；某科技公司存货占总资产的比例一直维持在5%左右。再看存货周转天数，2017年和2018年分别只有30天和29天，也就意味着一个月周转一次。而对比公司则明显在三个月左右，而且越来越多，这也是企业发展的正常现象，即使是3M公司，其存货周转率约为90天左右。2018的半年报的收入为74.41亿元，营业成本44.81亿元，存货周转天数25.61，大约一个月卖掉7亿元商品，而其存货当中的库存商品只有3.51亿元，有一半没有生产出来。

表：某上市公司营收与存货对比表

项目	2017年（亿元）	较上年增长	2016年（亿元）	较上年增长	2015年（亿元）	较上年增长	2014年（亿元）	较上年增长	2013年（亿元）
营业	117.90	27.74%	92.30	22.07%	75.61	45.18%	52.08	63.11%	31.93
存货	5.83	-3.11%	6.01	13.09%	5.32	7.41%	4.95	10.91%	4.463
总资产	342.6	29.63%	264.3	42.4%	185.6	70.59%	108.8	36.63%	79.63

图1：存货及其占资产比重

2019年7月公司发出公告，该公司涉嫌违法在年度报告中虚增利润总额：2015年1月至2018年12月，该公司通过虚构销售业务方式虚增营业收入，并通过虚构采购、生产、研发费用、产品运输费用方式虚增营业成本、研发费用和销售费用。通过上述方式，该公司《2015年年度报告》虚增利润总额23.81亿元，占年报披露利润总额的144.65%；《2016年年度报告》虚增利润总额30.89亿元，占年报披露利润总额的134.19%；《2017年年度报告》虚增利润总额39.74亿元，占年报披露利润总额的136.47%；《2018年年度报告》虚增利润总额24.77亿元，占年报披露利润总额的722.16%。上述行为导致该公司披露的相关年度报告财务数据存在虚假记载。

(一) 房地产业存货规模与构成分析

房地产企业的存货不同于一般的工业制造业,其存货分类还包括:土地开发成本;尚未完工的各种土地、房屋等在建开发产品;已开发完成的土地、房屋、配套设施、代建工程及分期收款开发产品、出租开发产品和周转房等;各种已完成开发建设全过程并已验收合格,可以按合同规定交付使用或对外销售的各种已完工开发产品。对于房地产企业来讲,没有什么比存货更重要。截至2018年12月底,存货在资产总额中的比重达到了54.31%,位列所有行业首位。对于个体企业来讲,存货规模过小可能由于土地储备不足而出现被动补库存的情况;如果存货规模增长过快可能会由于过于激进的拿地政策导致债务攀升过快,后续若销售不畅或者遭遇政策收紧,可能导致现金流吃紧的风险。

某房地产企业2018年年度报告存货明细表　　单位:元

项　目	年末数(账面价值)	占比	年初数(账面价值)	占比
原材料	17829855.88	0.01%	14676789.44	0.01%
低值易耗品	274134.90	0.00%	3486860.92	0.00%
库存商品	34506736.33	0.02%	31190475.24	0.02%
土地开发成本	7015745598.73	3.33%	7179735490.72	4.28%
拟开发产品	14430903322.16	6.85%	22552245953.91	13.45%
在建开发产品	167219676560.26	79.32%	112923571629.53	67.36%
已完工开发产品	22102027301.94	10.48%	24927405897.89	14.87%
合　计	210820963510.20	100.00%	167632313097.65	100.00%

那么,如何判断企业的存货规模是否合适呢?

一是看存货和销售的比值。一般企业储备的土地要足够其3年左右的开发，过少的土地资源意味着企业发展后劲不足，可能面临着被动补库存的情况，这样就会被动去拿地。

二是看存货的增长速度及其占总资产的比重。如果拿地比较多，企业的存货就会显著增长。需要看企业增加土地储备的原因，是否是在合适的时候进行了扩张。

三是看存货的构成。房企存货主要是拟建开发产品、在建开发产品、开发产品这三类。三类存货比例是否合理稳定，有没有跳跃式变化。比如鉴于房产的预售制，开发产品比例应该较低，若逐渐增加考虑是否销售不畅。

（二）农业存货规模与构成分析

农业企业的存货还包括收获的农产品、幼畜及育肥畜、生长过程中的庄稼等消耗性生物资产。

二、存货的周转性分析

存货周转性分析，主要通过存货周转率和存货周转天数进行分析，存货周转率的高低可以反映企业存货管理水平的高低。一般来说，存货周转速度越快，从采购到生产制造再销售出去的过程越短，产生盈利的次数就越多；同时也意味着存货对资金的占用率越低，流动性越强，存货转换为现金或应收账款的速度就越快，其盈利能力越强。而存货周转速度越低，则表示企业货物卖出变现的时间周期长，库存有可能存在积压变质，从而积压资金，影响企业的盈利。不同行业、不同商业模式企业的存货周转率会大相径庭，不可直接横向比较，应在同一行业内进行比较。理想的存货周转率应当是相对稳定，与企业生产规模相适应，呈周期性或随生产规模扩大合理稳定增长。

存货周转天数对比表　　　　　　　　　　　　　　单位：天

公司名称	2018年	2017年	2016年	2015年	2014年	2013年
A公司	1257.35	1293.23	2039.35	2339.81	2064.29	1764.17
B公司	37.19	38.1	43.23	45.36	42.98	35.27
C公司	47.63	46.27	45.69	49.28	44.42	67.98
D公司	1263.88	1065.4	1018.86	1302.94	1192.95	734.94
E公司	93.98	99.49	76.6	94.03	103.03	85.91

由上表可以看出A公司存货周转天数很长，A公司生产需要经过粮食采购、酿造、窖藏、再蒸馏勾兑，有相对较长的工艺环节。而且，酿造窖藏的时间长短和酒的品质也有很大关系，窖藏是一个相对漫长的时间，存货周转时间在3年以上。由其存货结构分析可知自制半成品比重最大，近几年在40%以上，这正是窖藏的半成品酒。2017、2018年存货周转加快，主要是自制半成品占比降低，原材料与库存商品周转加快，可见公司采取了比较积极的销售政策，2018年较2016年的销售额几乎翻倍。B公司的奶制品保质期很短，这样的快消品必须快速周转，其周转天数约40天左右。

A公司存货结构分析表

存货分类占比	2018年	2017年	2016年	2015年	2014年
原材料占比	9.40%	11.52%	13.85%	12.99%	14.06%
在产品占比	43.19%	41.43%	35.42%	4.75%	6.61%
库存商品占比	6.54%	6.36%	8.98%	5.38%	4.34%
自制半成品占比	40.87%	40.69%	41.75%	76.88%	74.99%

对存货周转率趋势或存货周转天数的分析，通常通过分析过往的存货周转率的趋势加以判断。当存货周转率趋势越来越高，表示企业库存周转越来越快，变现能力越强；而周转率越低，则表示企业库存积压，产品滞销，产

生减值损失的机会很大。如果采用存货周转天数，则与存货周转率相反。

存货周转率趋势或存货周转天数有很强的行业特性。对于不同行业，存货周转率趋势或存货周转天数之间不可比，因此，对不同行业的存货周转率趋势或存货周转天数要区别分析，在做横向比较时，仅与同业之间有可比性。

三、存货的保持性分析

存货的保持性与存货的自然属性密切相关。对于很多快消品、农产品、食品饮料等保质期短，它的价值在快速周转中产生。对于高新技术产品，由于技术迭代快，新技术新产品很快会取代上一代产品，库存商品即面临跌价风险。对房地产企业来讲，存货通俗地讲就是买来的地、正在盖的房子和已经盖好的房子，在分析时应特别关注土地分布。土地储备的分布是决定存货变现能力的最重要因素，所谓买房的要诀"地段、地段还是地段"就是这个道理。而有一些特殊产品比如白酒则历久弥香。

第五节 经营性流动资产整体质量

经营性整体流动资产是指企业的流动资产减去以公允价值计量且其变动计入当期损益的金融资产以后的部分。关于经营性流动资产整体质量的分析从以下几个方面分析。

一、经营性流动资产自身的合理性

对于经营性流动资产的各项目，企业预先设定的效用各不同，每个项目对企业债务的保障程度不同，为企业盈利所做的贡献也会有较大差异。

因此，应按照企业所处行业的特点以及所经历的不同发展阶段，分析各项流动资产所占比重的合理性。应尽量保持货币资金的适度规模，降低包括其他应收账款在内的不良资金占用，同时将应收账款、应收票据以及存货规模控制在与自身营销模式和生产经营规模相吻合的范围之内，以最大限度降低经营成本与风险。

二、经营性流动资产整体周转效率与行业特征的吻合性

（一）考察商业债权的周转效率

在企业所处行业对外销售普遍采用商业票据结算的情况下，应计算商业债权（应收票据和应收账款之和）周转率来反映企业商业债权整体的周转回收状况，因为应收票据和应收账款共同推动了企业的赊销规模。商业债权周转率的计算公式为：

商业债权周转率＝赊销净额/应收账款与应收票据的平均原值余额之和

（二）考察商业债权与存货的整体周转状况

通常情况下，对于一个企业来说，商业债权周转率与存货周转率之间往往存在此消彼长的关系。采用营业周期这一指标可以较好地将商业债权与存货两个项目联系在一起，强调两者整体的周转状况。营业周期可以近似地看作商业债权周转天数与存货周转天数之和，也就是从购入存货到售出存货并收现所需的时间。通过考察企业的营业周期，可以在一定程度上抵消企业的信用政策对个别资产项目造成的影响，较全面地反映流动资产整体的周转状况。当然，该指标也有可能掩盖不同项目周转率对于特定企业的不同意义，因而，还要结合企业所处行业的技术特性和产品的价格弹性和需求弹性以及法律环境等因素来综合分析。

（三）考察企业上下游关系管理中的竞争性

企业对下游企业采用不同的销售结算方式，如赊销方式、预收款方式

或者商业汇票结算方式，企业现金回款的保障程度不同，对流动资产的质量必然会产生显著不同的影响。而企业对上游企业采用不同的采购结算方式，如赊购方式、预付款方式或者商业汇票结算方式给企业现金流出带来的压力也会大不一样，这体现了企业上下游关系管理中的竞争性问题。企业将销售与采购结算方式加以适当的协调，上下游关系管理尽可能做到提早收款、推迟付款，便可在一定程度上缓解结算过程中现金供给与现金需求之间的矛盾，降低偿债压力，在保证企业资金顺畅周转的同时提高短期偿债能力，并不断优化流动资产的整体质量。当然，企业在上下游关系管理中是否具有一定的竞争性，很大程度上是由其在行业中所处的地位决定的。

第六节 长期股权投资的质量

可供出售金融资产是指企业初始确认时即被认定可以出售的非衍生金融资产，包括股票、债券、可转换债券等，以及没有划分为以公允价值计量且其变动作为当期损益的金融资产、贷款和应收款项的金融资产以及持有至到期投资。自2007年沪深两市股权分置改革完成以来，上市公司作为长期股权投资所持有的被投资单位的法人股都可以转化为可供出售金融资产，这些限售股具备了在沪深交易所上市交易及变现的能力。这类持有限售法人股的股东当中，大部分为控股上市公司，它们因参股其他上市公司而获得较多利益，受到股票投资者的关注。此外，根据新企业会计准则，在每年的上市公司年报中，要对上市公司以前年度在长期股权投资会计科目下持有的可供出售金融资产加以披露，并说明可供出售金融资产对企业股东权益的影响。股票投资者可以依据上市公司的可供出售金融资产对这些法人股进行价值重估，挖掘出一些持有较大股权投资其价值又被市场低估的控股上市公司,选择性购入这类上市公司股票,可以获得较好的投资回报。

一、股权重估价值被市场低估的根本原因

在股权分置改革以前,在原会计制度核算模式下,上市公司所控制或施加重大影响的被投资上市公司的股权增值无法体现在其财务报表中。这是因为,上市公司的长期股权投资按照投资的股权份额的多少,采用长期股权投资的核算方法即成本法或权益法进行核算,并不计算所持有上市公司股权市价变动的"公允价值"。具体表现为:企业对被投资交易市场不具有重大影响、共同控制或控制,且在沪深证券交易市场没有上市交易、公允价值不能可靠计量的长期股权投资,可采用成本法进行核算。在成本法下,长期股权投资的账面价值不受被投资单位盈亏的多少和其他权益份额变动的影响,在取得被投资单位分配的现金股利时,才确认投资收益。不论被投资单位的业绩高低,如果被投资单位不进行现金分红,股权的投资收益就无法体现在投资方的利润表中。反之,企业对被投资单位具有重大影响、控制或共同控制的长期股权投资,可采用权益法核算。在权益法下,长期股权投资的账面价值根据被投资单位所有者权益变动份额的多少而变动。只要所有者权益发生变动,投资方的长期股权投资的账面价值就要进行相应调整。在被投资单位实现盈利时,所有者权益的留存收益增加,投资方的长期股权投资的账面价值需要调增,确认为投资收益;发生亏损时,所有者权益的留存收益减少,投资方的长期股权投资的账面价值需要调减,应冲减长期股权投资的账面价值。其核心是投资方在被投资单位拥有多少净资产,被投资单位实现多少净利润、出现多少亏损、分派现金股利的高低、可供出售金融资产的公允价值上下变动都会引起投资方净资产份额的相应变动。

但不论控股公司采用成本法还是权益法进行会计核算，其所持有的长期股权投资不会因为会计核算方法的不同而发生改变，上市公司潜在的实质价值并不受影响。例如，上市公司所持有的股权如果以每股1元的价格买入，当期市场交易价值上涨为每股10元时，上市公司无论是采用成本法还是权益法核算，公司财务报表仍然将其长期股权投资以每股1元的价值反映，每股增值9元部分，并不计算股权资本的市场增值。因此，在原会计制度核算模式下，在股权分置改革以前，上市公司所持有被投资单位股权的潜在市场价值得不到充分体现。正因如此，上市公司股权投资的潜在价值被证券市场所忽视而被低估。

二、股权分置改革所带来的市场机遇

会计制度就像一根纽带，会计政策的变更将上市公司和其所投资的上市公司联系在一起。股权分置改革后，长期股权投资所具备的潜在市场价值成为投资者分析上市公司价值的重要参考因素。自2007年以来，因会计政策的变更，证券市场发生了巨大变化。上市公司之间互相持有股份的现象相当普遍，上市公司按控股份额的不同分为三类：

第一类，绝对控股上市公司股东，持股占被投资上市公司总股本的比例达到51%以上，处于绝对控股水平，限售股流通后大规模套取现金的可能性较低。如中国石油、中国石化等这类控股股东持有的上市公司股票，属于现行会计准则中规定的投资方能够对被投资单位实施控制的长期股权投资，采用成本法核算，在编制合并财务报表时按照权益法进行调整。

第二类，上市公司控股比例较大，属于相对控股水平，投资方对被投资单位具有重大影响或共同控制。此类公司属于现行会计准则中规定的按照权益法进行计量和核算的公司。长期股权投资的初始投资成本小于投资时应享有被投资单位可辨认净资产公允价值份额的，其差额计入当期损益，并调整长期股权投资的账面价值。

第三类，上市公司持股比例较小的股票投资，目的是取得股票短期差价，会计核算上以交易性金融资产处理，期末按股票交易价格计量，以股票收盘价作为公允价值计价入账。公允价值的变动计入资本公积，影响公司的净资产。

上述三种类型的上市公司按照现行会计准则的有关规定，所持有的股权将出现在"持有至到期投资""可供出售金融资产""交易性金融资产"三个会计科目中，而且必须以公允价值入账计入资本公积。股权分置改革完成后，限售法人股进入全流通领域，第一、二类控股股东所持有的上市公司股票，可以将此类持股确认为可供出售金融资产。按照《企业会计准则第22号——金融工具确认和计量》规定：可供出售金融资产持有期间取得的利息或现金股利，应当计入投资收益。资产负债表日，可供出售金融资产应当以公允价值计量，且公允价值变动计入资本公积——其他资本公积。处置可供出售金融资产时，应将取得价款与该金融资产账面价值之间的差额的利得或损失，计入投资损益；同时，将原直接计入资本公积的其他资本公积的公允价值变动累计额对应处置部分的金额转出。

例：某集团持有相对控股的某银行法人股10.67亿元，2015年12月31日该银行的股票收盘价为9.64元/股，2015年12月31日资产负债表日，该集团如果按照原会计准则计算长期股权投资的账面价值为10.67亿元，按现行会计准则计算长期股权投资的账面价值为92.19亿元，长期股权投资的账面价值增值92.19亿元（即10.67×9.64–10.67×1），同时，该集团的"资本公积——其他资本公积"相应增加了92.19亿元。假如集团所持有银行的限售股开始流通，并出售持有银行股票的10%，即1.067亿股，按该银行的股票市场交易价格每股9.64元出售，则该集团将取得投资收益9.22亿元（即1.067/10.67×92.19），同时，"资本公积——其他资本公积"相应减少9.22亿元，仅出售部分股权，每股收益0.55元。

也就是说，上市公司控股其他上市公司的股权价格的变动，影响着控股公司的净资产，出售时将影响控股上市公司本身的盈利，沪深股市股权的市场价值得以体现，这就意味着一批股权重估增值的上市公司将浮出水面。

三、股权投资价值分析

在现行会计制度下，控股上市公司可以通过持有优质上市公司的限售法人股股权，获得股权升值所带来的账面收益。笔者认为，从上市公司所拥有股权潜在增值的视角，可以动态市净率、动态市盈率两个指标分别分析对长期股权投资的价值影响。

（一）市净率

市净率是指股票价格与净资产的比率。一般来说，市净率较低的股票投资价值较高，相反，则投资价值较低；它有助于投资者以较少的资金投入获得较高的资金产出。对证券投资机构而言，它能够帮助其辨别股票投资风险。每股净资产是标的股票的账面价值，它是用初始投资成本计量的，而每股市价是资产负债表日这些标的股票资产的现在价值，它是证券市场上投资者交易的结果。通常情况下，股价是净资产的2倍左右，对该股票投资较为安全。对发展前途有良好预期的上市公司股票市净率可以达到2倍以上，甚至远远超过2倍。该股票股价与其净资产的关系具有密切的正相关性，更多的是体现投资者对于投资标的股票的未来预期。假如现在的投资标的股票能够在未来给投资者带来较高的投资回报，那么，现阶段该投资标的股票的市场需求也会增加，从而推动投资标的股票市场价格的走高。

（二）市盈率

市盈率是股票价格与股票收益的比率，用来比较不同价格的股票是否被高估或者低估。一般认为，一家公司股票的市盈率如果过高，那么该股票的价格存在泡沫，股价被高估。市盈率的高低反映了对该股票投资相对成本的高低，同样也体现了对该股票的投资风险。一般情况下，市盈率越高，表示投资该股票的风险越大，市盈率越低，则表示投资该股票的风险就越低。股价与收益具有较高的正相关性，如果现在投资的品种能够在未来给投资者带来好的收益，投资者对于该投资品种的未来预期趋于乐观，它的市场需求也会增加，从而进一步推动该股票的市场价格走高。反之，投资者对于投资品种的未来预期则趋于谨慎，股票的市场价格走低。

综上所述，随着股权分置改革的完成，以及新会计准则的实施，控股上市公司所持有的被投资单位的限售法人股所潜藏着的巨额增值将得以实现。选择一些持有较大股权投资而其价值被市场低估的控股上市公司进行投资，可以取得较高的投资回报。

第七节　固定资产的质量

固定资产是指企业为生产商品、提供劳务、出租或经营管理而持有的、使用寿命超过一个会计年度的有形资产。例如能满足企业长期生产需求的厂房机械设备等。

使用寿命是指企业使用固定资产的预计期间，或者该固定资产所能生产产品或提供劳务的数量。固定资产是企业获取盈利的主要物质基础，在企业的生产经营过程中发挥着重要的作用，对于实体经济中的传统行业来说尤其如此。

一般来说，企业的固定资产的财务效应呈现出以下特点：(1) 长期拥有并在生产经营中持续发挥作用；(2) 投资数额大，经营风险也相对较大；(3) 其规模和结构反映企业生产工艺的特点和技术装备水平；(4) 固定资产折旧以及减值准备计提等会计处理对企业的盈利能力和财务状况影响巨大。

固定资产在资产总额中所占比重往往带有较浓厚的行业色彩，在实务中通常据此将行业分为重资产行业和轻资产行业。一个企业拥有的固定资产的规模和先进程度可以在一定程度上揭示企业的生产能力和生产工艺，也可以反映该企业在行业中相对的竞争实力和竞争地位。就某个具体的固定资产项目来说，其利用效率和利用效果的大小，与企业所处的不同历史时期、不同发展阶段以及不同的客观经济环境有着直接联系，因此，从财务角度来说，固定资产质量具有极大的相对性。

在对固定资产的质量进行分析时，也可以从营利性、周转性和保值性三个维度着手，但同时还要关注有可能对固定资产质量产生影响的其他方面，如固定资产的取得方式、分布与配置、规模与变化等。对这些方面的分析有助于了解企业的商业模式，透视企业在固定资产投资方面的战略实施等情况。

（一）固定资产的取得方式与财务状况的外在表现

固定资产的取得，既可采用外购方式，又可采用自建方式，还可采用接受所有者入资、融资租赁等方式。不同方式下财务状况的外在表现各不相同。

1. 用流动资产和流动负债购建固定资产

用流动资产和流动负债购置、建造固定资产，就是用货币资金、存货以及短期赊购等方式购买、建造固定资产。显然，这是一种最直接的取得固定资产的方式。这种取得方式的最大特点是取得成本往往通过市场公平交易确定，成本具有可验证性。

但是，由于这种取得固定资产的方式要么减少流动资产，要么增加流动负债，因而，财务状况的外在表现是导致企业营运资本（即流动资产减流动负债）大幅下降。

2. 接受所有者的固定资产入资

这种方式往往在创建有限责任公司、合伙制企业以及中外合资企业时采用。它对财务状况的显著影响是：第一，增加企业所有者权益（资本）的"厚实"程度，改善企业的资本结构，为企业进一步举债奠定基础；第二，成本的确定具有主观性：接受固定资产入资的成本，按双方协议约定或按资产评估机构评估确认的价值来确定。不论价值如何，均有可能并非市场的公平交易价格。

3. 用融资租赁方式取得

融资租入的固定资产类似于分期付款购入的固定资产。按照融资租赁的一般做法，融资租入方将租入的固定资产视同自己的固定资产处理，将租金的现值及有关附加成本计入融资租入固定资产的成本，并向租出方支付定金，分期付清其余款项。在租赁期内，融资租入的固定资产的法定所有权（legal title）属于租出方。这样，对承租方来讲，融资租入的固定资产的财务影响是：第一，减少流动资产（货币），增加流动负债（1年内支付部分）和长期负债（1年以上支付部分），加大企业负债对所有者权益的比率，降低企业进一步举债的能力；第二，承租方将融资租入的固定资产视同自己的固定资产管理，计提折旧，并按税法要求抵减所得税。

在经营性租入固定资产的条件下，承租企业仅支付租金，并将租金计入当期费用。经营租赁条件下的租金一般高于同类资产的折旧，因此，利润表中的租金费用表现为较高的金额，具有更好的抵税效应。虽然租入的固定资产并不作为承租方的固定资产列示，即经营性租入取得的固定资产并不出现在承租方的资产负债表中，但是对租赁资产的使用可以给企业带来更多收益，对承租人的资产负债率、各种收益率指标都能够起到一定的优化作用，因此，经营租赁常被作为表外融资的一种有效方式。

（二）固定资产规模的恰当性及其年内的变动情况分析

固定资产的投资规模必须与企业整体的生产经营水平、发展战略以及所处行业特点相适应，同时应与企业的流动资产规模保持一定的比例关系。如果企业盲目购置新设备，进而盲目扩大生产规模，就有可能造成资源的低效利用甚至是浪费；而过小的固定资产规模或过于陈旧的设备又难以保证企业生产的产品满足市场需求，也会影响企业整体的获利水平。因此，企业应根据战略发展的需要，适时地制定生产经营计划，准确地把握对固定资产的需求，科学地进行固定资产的采购与处置决策，把固定资产规模控制在最恰当的水平。

固定资产原值在年内的变化可以在一定程度上折射出企业固定资产整体质量发生变化的情况，也能反映出企业战略实施与调整方面的信息，还可以进一步上升到管理质量层面。各类固定资产在某会计期间的原值变化，不外乎增加和减少（投资转出、清理、转移类别等）两种情况。由于企业生产经营状况的特点不同，企业对各类固定资产的结构有不同的要求。在各个会计期间内，企业固定资产原值的变化应该朝着优化企业内部固定资产结构、改善企业固定资产的质量、提高企业固定资产利用效果的方向。因此，通过分析企业年度内固定资产结构的变化与企业生产经营特点之间的吻合程度，以及与企业发展战略的吻合程度，便可以透视其背后所隐藏的企业管理质量方面的信息。由于在资产负债表中只披露固定资产账面价值一个数字，固定资产原值的变化情况只能进一步借助固定资产附注中所披露的信息来加以分析。

（三）固定资产分布和配置的合理性分析

制造企业各类固定资产中，生产用固定资产（特别是厂房、生产设备）同企业生产经营直接相关，在全部资产中占较大的比重。而非生产用固定资产主要指办公大楼、职工宿舍、食堂等非生产单位使用的房屋和设备，用于为企业的生产经营活动提供各类辅助性服务。

固定资产分布合理，是指企业生产用和非生产用固定资产应保持一个恰当的比例，即生产用固定资产应全部投入使用，能满负荷运转，并能完全满足生产经营的需要，非生产用固定资产能担负起服务的职责。此外，还需要考察生产用固定资产的分布情况及其合理性，这有助于了解企业的生产工艺特点、商业模式、资源配置战略实施情况等方面的信息。

固定资产配置的合理性主要体现在以下几个方面：（1）固定资产技术装备的先进程度要与企业的行业选择和行业定位相适应；（2）固定资产的生产能力要与企业存货的市场份额所需要的生产能力相匹配；（3）固定资产的生产工艺水平要达到能够使产品满足市场需求的相应程度。

对于固定资产分布和配置的合理性，应根据企业报表相关附注的说明，结合企业的生产经营特点、技术水平和发展战略等因素综合分析。固定资产分布与配置合理与否，会在很大程度上决定其利用效率和效益，即质量的高低。

（四）固定资产的营利性分析

前已述及，固定资产是企业生存发展的物质基础，反映企业的技术装备水平和竞争实力，因此，固定资产的营利性会在很大程度上决定企业整体的盈利能力。对于传统的工商企业而言，由于固定资产是企业用于生产、加工（或储存）存货的"劳动工具"，而存货又是固定资产为企业创造价值、获取盈利的媒介，因此，固定资产的营利性与存货的营利性以及企业整体的营利性通常是密不可分的。营业收入是产品价值的外部实现，可以在一定程度上反映固定资产的总体质量与市场需求之间的吻合程度；营业成本是产品生产的内部耗用，可以反映固定资产的总体质量所决定的生产费用开支水平；两者之差即企业赚取的毛利，反映了企业的市场竞争力，进而决定企业整体的盈利水平

在分析企业的固定资产质量对企业整体盈利能力的影响时遵循这样的分析思路：固定资产生产出存货，存货销售获取营业收入，营业收入创造核心利润，核心利润最终带来经营活动产生的现金净流量。这样便可以通过存货的生产规模和销售规模考察固定资产的生产能力（即产能利用情

况）；通过营业成本和存货规模的比较（即存货周转率）考察（固定资产所生产出来的）产品的市场开拓能力；通过营业成本和营业收入的比较（即毛利率）考察产品的初始获利能力；通过营业收入与核心利润的比较考察产品的最终获利能力；通过核心利润与经营活动产生的现金净流量的比较（即核心利润的含金量）考察产品当期对企业的实际贡献，如果不考虑行业结算差异，也可以在一定程度上了解产品的市场开拓能力。

（五）固定资产的周转性分析

固定资产的周转性衡量的是企业一定规模的固定资产推动其营业收入的能力与效率。因此，现有的固定资产周转率可以有效衡量企业固定资产的周转性。需要注意的是，应采用固定资产原值（或公允价值）来衡量固定资产的规模。计算公式为：固定资产周转率＝营业收入/固定资产（原值）的平均余额

（六）固定资产的保值性分析

除去一小部分流动资产外，企业的固定资产将成为长期债务的直接物质保障。固定资产的数量、结构、完整性和先进性都直接制约着企业的长期偿债能力。因此，固定资产的保值程度将直接决定企业长期偿债能力的大小。为便于对企业偿债能力进行分析，可以将固定资产分为具有增值潜力的固定资产和无增值潜力（贬值）的固定资产两类。此时，应综合考虑特定固定资产的技术状况、市场状况和企业对特定固定资产的使用目的等因素。

（1）具有增值潜力的固定资产，是指那些市场价值趋于增加的固定资产。这种增值，或是由特定资产的稀缺性（如土地）引起，或是由特定资产较强的增值特性（如房屋、建筑物等）引起，或是由于会计处理导致账面上虽无净值但对企业而言仍可进一步利用（如已经提足折旧、企业仍可在一定时间内使用的固定资产）。

（2）无增值潜力（贬值）的固定资产，是指对特定企业而言，其价值

在未来不可能增加的固定资产。这种不能增值状况的出现，既可能是由于与特定资产相联系的技术进步较快，原有资产因技术落后而相对贬值（如计算机等），也可能是由于特定资产本身价值状况较好，但在特定企业不能得到充分利用（如不需要用到的固定资产）。

另外，由于当固定资产的可收回金额低于其账面价值时，企业可以按照可收回金额低于其账面价值的差额计提资产减值准备，因此，在对企业固定资产的保值性进行分析时，还可以根据企业固定资产减值准备的计提情况，对企业固定资产整体的保值性做出初步判断。在此基础上，再结合会计报表附注中有关项目构成的说明以及各项目的具体特点展开进一步的分析。

（七）固定资产与其他资产组合的增值性

固定资产与其他资产组合的增值性，强调的是固定资产通过与其他资产适当组合，在使用中产生协同效应的能力。由于相同物理质量的资产在不同企业之间、在同一企业的不同时期之间，甚至是在同一企业同一时期的不同用途之间，都有可能表现出不同的贡献能力，因此，在对固定资产进行质量分析时，应关注固定资产与其他资产组合的增值能力，强调其相对有用性。

（八）企业固定资产会计政策恰当性分析

企业在固定资产的初始入账、折旧以及减值等一系列环节上所选择的会计政策的恰当性，都会直接影响固定资产的质量分析结果。为此，有必要在分析固定资产的质量时关注一下固定资产会计政策选择方面的内容。

1. 分析借款费用资本化处理的恰当性对固定资产原值的影响

无论是外购还是自建，固定资产原值（即取得成本）都应该遵循历史成本原则，其取得成本包括取得该项固定资产并使其达到预计可使用状态之前所付出的全部必要的、合理的开支。为取得固定资产所发生的利息支出是否应计入固定资产原值（即借款利息费用资本化问题）？这既涉及企业会计准则的规定，也涉及企业在进行会计处理时的选择。由于其判断标准在一定程度上存在主观性，因此，一些企业利用利息费用的资本化来粉饰业绩就成为可能。

按照会计准则的规定，在取得固定资产并使其达到预计可使用状态之前所发生的利息费用可以资本化，即将其计入固定资产原值；而在该项固定资产投入使用后所发生的利息费用不得再资本化，而是计入当期费用。某些上市公司可能以固定资产还处于试生产阶段或安装调试阶段为借口，将理应计入当期费用的利息费用资本化为该项固定资产的成本，从而达到虚增资产和当期利润的目的。某些上市公司还可能以固定资产尚处于试生产阶段或安装调试阶段为借口，推迟固定资产的完工入账时间，最终达到推迟计提折旧、虚增利润的目的。这些行为都将直接影响固定资产原值的规模，给固定资产质量分析带来一定的影响。

2. 分析折旧政策选择的恰当性对固定资产净值的影响

固定资产作为一项非流动资产，会在多个会计期间参与企业的生产经营活动。在会计处理上，固定资产原值（即实际取得成本）需要在使用寿命期内分期摊销为费用，与资产质量分析其所产生的各期收益进行配比，这一过程就是折旧。固定资产净值是指固定资产原值减去累计折旧以后的净值。每期的折旧金额会受到诸多因素的影响，如预计使用寿命长短、预计净残值大小以及所选择的折旧方法等。企业选择折旧方法应以企业的实际情况和行业惯例为基础，一经确定不得随意变更。但实务中，常有企业利用折旧方法的可选择性和使用寿命的估计存在的主观性，找出各种理由来对其进行变更，以达到操纵利润的目的。这些行为将直接影响固定资产的净值水平，也会给固定资产质量分析带来一定的影响。

3. 分析减值政策选择的恰当性对固定资产账面价值的影响

前已述及，当固定资产的可收回金额低于其账面价值时，企业可以按照可收回金额低于其账面价值的差额计提资产减值准备。但由于固定资产的可收回金额是建立在一定的估计和判断的基础上，因此，在何时计提减值、计提多少等问题上存在一定的主观性。在实务中，一些企业往往利用固定资产减值政策选择的弹性，对因技术进步而陈旧过时不能使用的固定资产，不提或少提减值准备，从而虚夸固定资产、虚增利润。固定资产净值减去固定资产减值准备即固定资产账面价值，因此这些行为将直接影响固定资产的账面价值，从而给固定资产质量分析带来一定的影响。

第八节 无形资产的质量

无形资产（intangible assets）是指企业拥有或者控制的没有实物形态的可辨认非货币性资产，包括专利权、非专利技术、商标权、著作权、土地使用权、特许经营权等。由于商誉属于不可辨认资产，因此，不属于无形资产，只能算作无形项目。无形资产具有如下特征：不具有实物形态；属于非货币性长期资产；为企业使用而非出售的资产；在创造经济利益方面存在较大不确定性。正是由于无形资产在创造经济利益方面存在较大的不确定性，因此，一般要求在对无形资产进行核算和披露时需要持更谨慎的态度。在对无形资产进行质量分析时，应结合该项目的上述特征，着重从营利性和保值性等维度入手。

（一）无形资产会计披露的特点

（1）资产负债表中作为"无形资产"列示的项目基本上都是通过外购方式取得的。无形资产是现代企业资产，是知识经济条件下企业资产的重要组成部分，从取得途径来看通常有自创和外购两种。自创无形资产是企业自行研制创造的，如自创专利权、商标权、专有技术等。由于企业在自行研制创造的过程中往往要经过长期的探索、积累和试验，自创无形资产能够带来的未来收益存在很大的不确定性，因此，在会计上通常将其间发生的支出全部予以费用化。而在自创取得成功，形成无形资产后，一般没有必要将其余开支予以资本化,这样就导致了自创无形资产通常不入账而"游离"在资产负债表之外。因此,在报表上作为"无形资产"列示的项目基本上都是通过外购方式取得的,入账价值包括在取得无形资产过程中所发生的包括买价在内的实际开支。

(2)在资产负债表中所反映的无形资产的价值基本上以其取得成本为基础,在计提减值准备后,账面价值仅反映其最低可收回金额而非实际价值。

无形资产的很多方面(如未来收益期、未来收益金额以及未来价值等)均具有高度的不确定性。因此,对于大多数无法预见未来收益期长短的无形资产来说,均不需要按期对取得成本进行摊销,而是按照谨慎性原则在每年年末进行减值测试。当发现无形资产的可收回金额低于其账面价值时,要计提减值准备,同时在利润表中确认相应的资产减值损失。在资产负债表中所反映的无形资产的价值仅仅是其最低可收回金额而非实际价值。

鉴于此,在对企业的无形资产进行质量分析时,应当考虑账内无形资产项目的不充分性、价值不确定性以及账外无形资产存在的可能性等因素,从营利性、保值性维度进行分析。

(二)无形资产的营利性分析

随着知识经济时代的到来,无形资产如同一双看不见的手,给企业的生存与发展带来巨大的影响。作为一项重要的营利性资产,企业拥有和控制的无形资产越多,意味着其可持续发展能力和竞争力越强。但现行会计准则的有关规定以及无形资产的形成特点,决定了会计报表中所反映的无形资产的价值与其当初的取得成本直接相关,而一些无形资产的内在价值已远远超出了它的账面价值。也就是说,相对于无形资产的内在价值,其账面价值往往是象征性的。无形资产本身所具有的属性决定了其营利性具有很大的不确定性,因而分析无形资产的营利性不是一件容易的事情。在分析时,要详细阅读报表附注及其他有助于了解企业无形资产类别、性质等情况的资料。不同项目的无形资产的属性相差很大,其营利性也各不相同,不可一概而论。一般来说,专利权、商标权、著作权、土地使用权、特许经营权等无形资产有明确的法律保护时间,其营利性相对较容易判断。而像专有技术等不受法律保护的项目,其营利性就不太好确定,同时也易产生资产泡沫。

此外,由于无形资产是一项不具有实物形态的特殊资源,自身无法直接为企业创造财富,必须依附于直接的或间接的物质载体才能表现出它的内在价值,因此,无形资产的这种独有的胶合功能与催化激活功能只有在无形资产与固定资产或存货等有形资产进行适当组合时才能正常发挥,为企业盈利做出贡献。企业可利用名牌效应、技术优势、管理优势等无形资产盘活有形资产,通过联合、参股、控股、兼并等形式实现企业扩张,达到资源的最佳配置。可以说,无形资产在与其他资产组合的过程中所释放的增值潜力的大小,直接决定了无形资产的营利性,进而在很大程度上决定了无形资产的质量。

(三) 无形资产的保值性分析

由于无形资产是一种技术含量很高或垄断性很强的特殊资源,并且往往具有独一无二的排他性,因此,它的公允价值存在较大的不确定性和主观性。为此,银行在选择抵押贷款中的抵押物时,一般情况下只接受无形资产中的土地使用权这一项。

按照现行准则的规定,企业应定期对无形资产的价值进行检查,至少于每年年末检查一次。如发现以下情况,应对无形资产的可收回金额进行估计,并将该无形资产的账面价值超过可收回金额的部分确认为减值准备:(1) 该无形资产已被其他新技术等替代,其为企业创造经济利益的能力受到重大不利影响;(2) 该无形资产的市价在当期大幅下跌,在剩余摊销年限内预期不会恢复;(3) 其他足以证明该无形资产的账面价值已超过可收回金额的情形。

由此可见，可以通过分析企业无形资产减值准备的计提情况来判断企业所拥有的各项无形资产的保值性。当然，在分析时还要注意无形资产减值准备计提的合理性。现行准则规定，无形资产减值准备一经计提，在以后期间不得任意转回，这会在一定程度上杜绝企业利用无形资产减值准备的计提来操纵利润的行为发生。

第九节 商誉的质量

商誉是指能在未来期间为企业经营带来超额利润的潜在经济价值，或一家企业预期的获利能力超过可辨认资产正常获利能力（如社会平均投资回报率）的资本化价值，是企业整体价值的组成部分。"商誉"一词最早出现于16世纪中后期，最先是作为商业上的词汇出现的，"商誉是企业经营活动中所取得的一切有利条件"。但早期的商誉并未引起会计界的重视。19世纪末，商誉问题引起学术界尤其是会计学术界的普遍关注和广泛讨论，这时，商誉概念演变为"商誉是业主与顾客之间的友好关系"。20世纪初，随着经济的发展，企业组织的形式日益复杂，企业之间的竞争也日益激烈，企业的优势已不仅仅取决于业主与顾客之间的友好关系，而要从内部管理、生产组织、销售环节等各方面努力，以取得在这些方面的优势，从而能获得超额利润。此时"商誉是导致超额盈利的一切因素"，进而形成了超额利润观。持这种观点的人认为，企业利润分为正常利润和超额利润两部分，正常利润是由经营有形资产带来的，超额利润是由无形资源尤其是商誉带来的。20世纪40年代以来，会计界对商誉的定义还有另外两种有代表性的观点，即剩余价值观和无形资源观。持剩余价值观观点的人认为，商誉的确认应先确认单项有形资产和可辨认无形资产的未来现金净流量的贴现值，再计算企业总体价值与这一价值的差额，该差额即确认为商誉。持无形资源观观点的人认为，商誉是由优越的地理位置、良好的企业声誉、融洽的社会关系、卓越的管理团队和优秀的资信级别构成，而这些都是看不见摸不着，且又无法入账记录其金额的，故商誉实际上是指企业上述各种未入账的无形资源。

超额利润观点使人们对商誉的特性有了更深刻的认识，但这种观点只是提供了计量商誉价值的方法，而没有说明商誉的本质；剩余价值观虽然说明了商誉的计量方法，但还是没有定义商誉，而且对企业总体价值的估计有误差，单项资产的低估或高估都会影响商誉价值的准确性；无形资产观从资产的角度定义商誉，抓住了商誉最本质的特性，即商誉是一种企业资源。但是，该种观点认为商誉是一种未入账的无形资源是不妥当的，因为商誉是一种能够为企业带来经济利益且能够在某种程度上衡量其价值的资产。因此，上述对商誉的种种定义都存在缺陷。

2006年2月15日出台的新会计准则中，结合我国国情，对商誉会计有了一些新的规定：将非同一控制下企业合并中购买方在购买日合并成本大于确认的各项可辨认资产、负债公允价值净额的差额定义为商誉。该定义抓住了以下要点：商誉是在非同一控制下企业合并中产生的；其确认时间是合并日；商誉的值是购买日合并成本大于确认的各项可辨认资产、负债公允价值净额的差额。

一、商誉的产生

"无并购，不商誉"，只有在公司并购时，企业的投资成本超过被合并企业净资产公允价值的差额时才形成商誉。收购企业之所以看中了被并购企业，一定是看中了该企业潜在的发展潜力，比如未来创造收益的能力，尤其是当期望收购被并购企业的公司不止一家的时候，这时候收购公司竞相标的价格，往往反映出企业对于该被并购公司有着自己的专业评估。换个角度说,商誉也就是收购公司对于被并购公司将来发展前景的评估价值。通常谈的商誉属于会计商誉。按照目前会计准则,商誉作为一项永久性资产。其理由是,购买商誉是为了将来的超额利润,只要仍有超额利润存在,商誉即存在,所以不应该摊销。

二、商誉的风险

商誉作为一种资产,与企业其他资产的本质区别就是它是一种虚拟资产,只是因为公司过去发生了溢价并购,为被并购资产的未来收益买单。溢价部分的现金已经流出,要待被并购企业未来实现盈利的现金流入补回。

在并购对价支付类型中,主要手段有现金支付、股份支付和土地等资产作价,其中自2006年《上市公司证券管理办法》实施以来,上市公司以股份为对价的并购逐渐增加。

在实务中,发行股份支付容易导致商誉高估。上市公司发行股份购买资产,对价双方分别是标的资产和发行的股份,两者价值必须相当才能达成交易。在我国上市公司发行股份的交易制度下,由于股份流动性受限和大宗交易等折价因素的影响,使得股份对价虚高。为达成交易,交易双方容易达成默契,蓄意虚高标的评估值。标的定价的虚高,导致了商誉高估,影响了会计信息的披露可靠性。

高估商誉对并购双方的影响:

1. 对并购方

①增加净资产价值,提高公司估值

对并购方来说,巨额商誉增加了资产账面价值,因而可以进一步影响公司的各项财务指标,比如净资产收益率,每股收益等盈利指标,对投资者决策做出影响,使投资者高估公司整体价值。

在合并报表层面,商誉会降低资产负债率,更多溢价的、更多项目的并购产生的商誉会进一步降低资产负债率，表面上提高了企业的偿债能力，似乎也降低财务风险。但商誉并不对应任何实体资产，不能用于抵押和偿还债务。所以，本质上没有降低资产负债率，反而误导了债权人与投资者。

②对并购方——业绩补偿获益

表面看起来，商誉貌似与业绩承诺关系不大。实际上，以收益法评估的案例，特别是收益法较资产基础法评估值大幅增值的，收益法评估值可以看作由两部分组成，一部分是可辨认净资产的公允价值，另一部分商誉，即支付对价超过可辨认净资产公允价值的部分。如果说可辨认净资产部分的有可辨认净资产作为支撑，那么，未来业绩承诺支撑的实际上就是商誉。为了支持评估值，业绩承诺数值与评估报告中收益预期数字是对应的。

业绩补偿的计算基准有两种：一是按照交易对价为基础计算补偿额，承诺期内达不到承诺业绩，按照交易对价未实现比例进行补偿；二是盈利差额补偿，承诺期内达不到承诺净利润，补足承诺净利润与实际实现净利润之差。

因而，业绩承诺常常被人称为对赌协议，对于收购方来说，业绩补偿极大地保护了他们的利益。他们不必担心被要价过高，因为一旦业绩达不到，也会得到补偿，而这部分收益是直接和巨大的。

2. 对被并购方

对被并购方来说，高估的商誉为他们在并购时带来更大的收益，股东往往会收到更多的合并支付对价。一般来说，这些支付对价的类型有现金支付、股权支付，在大型并购项目中，股权支付的比例也会更大。国外学者 Beguja and Gallery（2006）的研究结果发现：企业所持有股权的市场价值与企业的并购商誉之间存在较为明显的显性相关关系，而企业价值与最近阶段取得的并购商誉之间的相关关系最为显著。商誉越高，被并购方所取得的股权支付就越值钱。

在母公司角度，实施并购时往往对收购标的的前景展望太过美好，对业务整合效果的预期过于乐观，再加上对赌协议与业绩承诺，极易高估收购标的的价值。资本市场的繁荣也使得被收购公司估值高企，不少被并购资产的估值大大超过其账面价值。近些年，资本市场的溢价并购、天价并购层出不穷，这导致 A 股上市公司的商誉占净资产比重加速上升。并购能为企业带来众多资源，如果被并购企业未来实现了理想的业绩，无疑能够大幅增厚母公司业绩。但盲目并购不一定有利于企业的发展，被并购企业不仅面临宏观经济、行业风险，同样也面临自身经营风险。一旦收购标的业绩不达预期，与公司业务不能形成协同效应，巨额商誉将面临减值风险。

三、商誉的减值

资产减值是指资产的可收回金额低于其账面价值所形成的价值的减少，资产减值意味着现时资产预计给企业带来的经济利益比原来入账时所预计的要低。当资产发生减值时，按照谨慎性原则的要求，应该按降低后的资产价值记账，以释放风险，因此，会计上对资产减值进行确认和计量的实质就是对资产价值的再确认、再计量。对于商誉而言，往往面临着可能发生减值的问题，经常需要对商誉的价值进行再确认、再计量。需要说明的是，对于包括商誉在内的资产减值的会计确认和计量问题，并不是基于传统会计中对实际发生的交易的确认和计量，而是更多地立足于眼前，着眼于未来。只要造成资产价值减少的迹象已经存在，只要资产价值的减损能够予以可靠的计量，公司未来产生的现金流，不能覆盖目前估值，只要对于决策具有相关性，就应当确认该资产价值的减少。证监会发布的《会计监管风险提示第 8 号——商誉减值》明确指出：收购合并所形成的商誉，必须每年进行减值测试，不得以并购方业绩承诺期间为由不进行测试。一旦商誉计提减值，不能转回，等同于直接亏损，将直接影响上市公司年度业绩。

在实际操作当中，商誉减值可调节性很强。很多公司在并购时支付了高昂溢价，一旦被并购企业业绩达不到预期就会造成巨大损失。从实际发生的商誉减值产生的原因来看，业绩承诺不达预期和承诺期后业绩滑坡是上市公司计提商誉减值损失的主要情形之一，也是近两年创业板年报接连爆雷的最重要的原因。因为业绩承诺期内，为了完成对赌协议，并购标的有提前释放利润的动机，从而增厚上市公司利润；但到了对赌后期，释放业绩的能力减弱，业绩不达承诺的风险提高。一旦业绩承诺期结束，失去对赌的约束，上市公司将面临并购标的业绩滑坡的风险。2018年A股上市公司出现一波大规模商誉减值潮，这与2015年的大规模并购潮相对应，那一年的并购大量在2018年到期，不是每家企业都能实现预计的业绩。影视行业也曾在2014—2016年疯狂高溢价并购，如今也是商誉减值的重灾区。商誉减值所造成的业绩变脸给投资者造成损失，增加市场风险，2017至2019年1月含有商誉减值预警的公告篇数分别为33篇、66篇和267篇。2014年至2018年A股商誉减值规模分别为26亿元、88亿元、149亿元、368亿元和1667亿元。

表：A股商誉总规模

年份	2011	2012	2013	2014	2015	2016	2017	2018	2019/9
商誉规模（亿元）	1416	1691	2143	3332	6542	10536	13038	13104	13850

近些年，A股公司商誉规模增长速度超越总资产增长幅度，传媒、计算机、医药三大行业商誉最为集中。商誉来源于并购，而文体娱乐是并购最多的行业之一，尤其是轻资产行业，商誉动辄超过十亿。

如何规避商誉减值风险？一般会计算商誉占净资产比重，如果这个比例大于30%即是高风险了，一旦发生减值对公司业绩造成影响几乎是毁灭性的。不仅亏损，还会伴随着资产负债率的提高，融资难度加大，甚至可能出现流动性危机。

商誉占净资产比超过85%的23家当中，9家属于传媒行业。从净利润的角度看，有11家2019年前三季业绩亏损，而盈利公司的净利润均不足商誉的10%。但是商誉余额高也不一定意味着商誉减值风险就很大，只能说明公司收购规模大，是否存在减值风险取决于被并购资产未来的经营业绩与现金流。

第十节　资产结构与企业资源配置战略

所谓资产结构，简单地说，就是指各项资产相互之间的比例关系，它既可以是按照流动性确定的流动资产与非流动资产之间的比例关系，也可以是按照利润贡献方式确定的经营性资产和投资性资产之间的比例关系，还可以是按照企业业务板块确定的各类资产之间的比例关系，等等。由于不同的资产结构所表现出来的经济含义、管理含义具有显著区别，会从不同角度体现出企业资源配置战略的选择与实施状况，因此，企业资产结构质量分析的意义重大。

一、资产结构的质量特征

资产结构的质量应该具有以下几个特征：

（一）资产结构的有机整合性

资产结构的有机整合性，是指企业资产的不同组成部分（如流动资产和非流动资产，经营性资产和投资性资产，经营性资产内部的货币资金、商业债权、合同资产、存货、固定资产和无形资产等）经有机整合后从整体上发挥效用的状况，它强调各项资产与其他资产组合的增值性。企业管理的境界应该体现为最大限度地降低不良资产占用,加快资金周转,并获取更多的盈利。任何资产项目,不管自身的物理质量有多高,如果不能与其他资产进行有机整合而发挥协同效应,为最终实现利润做出贡献,则仍属于不良资产的范畴。

资产结构的有机整合性要求企业不断进行资产结构的优化,尽力消除应收账款呆滞、存货积压、固定资产闲置、对外投资失控等现象。这也是企业进行资产重组所要实现的目标。

(二) 资产结构的整体流动性

资产流动性大小与资产的风险大小和收益高低是相联系的。通常情况下,流动性大的资产,其风险相对要小,但收益也相对较小且易波动;反之,流动性小的资产,其风险相对较大,但收益相对较高且易稳定。当然也有可能出现不一致的情况。资产结构的整体流动性可以通过流动性较强的资产在总资产中所占比例来衡量。

一般地,企业资产结构中流动性强的资产所占比例越大,企业资产的整体流动性就越高,相应地,企业偿债能力也就越强,财务风险越小。但是,这并不意味着企业流动性较高的资产占总资产的比例越大越好。归根结底,资产的流动性是为企业整体的发展目标服务的,企业管理所追求的应该是资产结构的整体流动性与营利性的动态平衡。另外,资产结构还会影响成本结构,从而决定企业的经营风险。这是因为,企业的各项成本可以大致分为固定成本和变动成本两类,固定资产折旧和无形资产摊销都属于固定成本,相对而言,属于刚性成本。由于经营杠杆效应的存在,如果资产结构中固定资产等长期资产所占比例过大,就会给企业带来大规模的固定成本,这意味着企业或者行业的退出门槛很高,转型较难,运营效率较低,经营风险较大。因此,企业应该努力寻求一个合理的资产结构,在可能的情况下增加企业资产整体的流动性,从而尽可能减少生产经营面临的各种风险,为企业的可持续发展奠定坚实的基础。

当然，考察企业资产结构的整体流动性，还要结合企业所处的特定行业，根据企业基本的资产结构特点进行分析。例如，制造业（尤其是重资产行业）企业和金融业企业、互联网企业的资产结构、经营模式截然不同，使得资产结构的整体流动性体现出明显的行业特征，不能一概而论。

（三）资产结构与资本结构的对应性

对于那些主要包含诸如流动资产和固定资产等传统资产项目的资产结构的质量进行分析，还应考虑资产结构与资本结构的对应性。资产结构与资本结构的对应性主要体现在：首先，企业资产报酬率应能补偿企业资本成本；其次，资产结构中基于流动性的构成比例要与资金来源的期限构成比例相互匹配。具体地说，流动资产作为企业最有活力的资产，应为企业偿还短期债务提供可靠保障；流动资产的收益率较低，所以，应主要由资本成本相对较低的短期资金来源提供支持；长期负债的资金占用成本较高，因而，应与企业的长期资产项目相匹配。有了这样的资产结构，才能保证企业有可能在允许的范围内将资本成本和财务风险降至合理水平，从而达到最佳的生产经营状态。

资产结构与资本结构的对应性通常要求企业在所能承受的财务风险范围内运行。然而，在某些情况下，企业也会出现"另类"的资产结构与资本结构的对应关系。例如，在竞争优势极其明显的情况下，企业通过大量采用预收方式销售和赊购方式采购，大规模增加商业信用资本，呈现出流动资产规模并不显著高于流动负债规模的局面，这被业内称为类金融模式或者 OPM 模式。在这种情况下，流动资产的规模并不显著高于流动负债规模，但并不意味着企业的短期偿债能力存在问题，而恰恰是企业在行业中具有极强的竞争优势和良好商业信誉的表现。但是，这种方式的运营管理存在一定的风险，一旦企业的资金链出现问题，就有可能发生连锁反应而使企业陷入支付危机。

(四) 资产结构与企业战略承诺的吻合性

企业的资源配置战略主要是靠资产的有机整合和配置来实现的,无论资源配置战略的具体内容是什么,在资产结构上的表现一定是资产项目之间的不同组合。企业之所以要确立其资源配置战略,并将其与竞争者区分开来,完全是出于竞争的需要。尽管一个行业的经济特征在一定程度上限制了企业参与行业竞争时可供选择的资源配置战略的弹性,但是,许多企业仍然可以通过制定符合自身特定要求的、难以复制的资源配置战略来保持竞争优势。

通常,在上市公司年报的"经营情况讨论与分析"部分,企业都会表述自身所选择的资源配置战略,即战略承诺。而通过考察企业资产中经营性资产与投资性资产的结构关系,以及经营性资产的内部结构等方面,可以在一定程度上透视企业资源配置战略的具体实施情况。通过将企业实际的资源安排与企业战略承诺进行比较,便能判断公司资源配置战略具体的实施情况与所承诺的选择之间的吻合性。

在我国现阶段,上市公司的资产结构与战略承诺之间的吻合性可以从两个层面来分析。其一,资产结构与全体股东的战略相吻合,即在财务上要求企业最大限度降低不良资产占用,提高资产周转率和盈利能力。其二,资产结构与控股股东的战略相吻合,即在控股股东的战略不同于全体股东战略的条件下,控股股东有可能以上市公司为融资平台谋求另外的发展,控股股东战略的实施也许就会表现为上市公司自身的不良资产占用(即掏空上市公司)。对于那些存在其他应收款巨额增加、存货超常增加、固定资产闲置等情况的上市公司,在其财务状况形成的过程中,往往能够看到控股股东战略(即利用上市公司融资能力为控股股东服务)实施的种种迹象。

二、企业资源配置战略的考察

前已述及,不同企业的资产结构存在显著差异,其背后涉及的是企业资源配置战略的实施问题。我们可以按照企业经营性资产与投资性资产各自在资产总规模中的比重大小,将企业资源配置战略分为三种类型:以经营性资产为主的经营主导型,以投资性资产为主的投资主导型,经营性资产与投资性资产比较均衡的经营与投资并重型。

(一)经营主导型企业的发展战略分析

资产结构中以经营性资产为主的企业,其资源配置战略十分清晰:以特定的商业模式、行业选择以及产品或劳务的生产与销售为主导,以一定的竞争战略(如低成本战略、差异化战略和聚焦战略等)和职能战略(如研发、采购、营销、财务、人力资源等战略)为基础,以固定资产、存货的内在联系及其与市场的关系管理为核心,为企业的利益相关者持续创造价值。经营主导型企业能够最大限度地保持核心竞争力。

(二)投资主导型企业的发展战略分析

资产结构中以投资性资产为主的企业往往是规模较大的企业集团。投资主导型企业的发展战略内涵同样是清晰的:以多元化或一体化的总体战略(或其他总体战略)为主导,以子公司采用适当的竞争战略和职能战略,特别是财务战略中的融资战略(子公司通过吸纳少数股东入资、自身债务融资和对商业信用的利用等融资战略,可以实现在母公司对其投资不变情况下的快速扩张)为基础,以对子公司的经营性资产管理为核心,通过快速扩张为企业的利益相关者持续创造价值。投资主导型企业可以在较短时间内通过直接投资或者并购实现做大做强企业集团的目标,或者在整体上保持企业的竞争力和竞争地位。

（三）经营与投资并重型企业的发展战略分析

经营与投资并重型企业实施的往往是积极稳健的扩张战略：企业既通过保持完备的生产经营系统和研发系统来维持核心竞争力，又通过对外控制性投资的扩张来实现跨越式发展。经营与投资并重型企业通过对自身经营性资产的保持，可以实现较大的规模效应占据一定的市场地位，从而最大限度地降低核心资产的经营风险，使固有的核心竞争力发挥到极致。与此同时，其对外控制性投资又可以通过投资产业与产品方向的多元化或投资地域的多样化来提升企业的竞争力或者降低企业的风险。

有了上述分类，通过对任何一家上市公司的资产结构进行分析，我们均可以将其归入三种类型中的一种，从而对公司的扩张战略及其效应进行分析与评价。这就是说，当我们跳出传统的会计思维，将企业资产的概念与企业的发展战略联系在一起时，资产结构就有了鲜明的战略含义。据此，我们可以进一步认为，资产的规模与结构就是企业资源配置战略的实施结果。

第三章　收益增厚企业价值

第一节　利润项目分析

一、营业收入项目质量分析

营业收入是指企业在销售商品、提供劳务及他人使用本企业资产等日常活动中形成的经济利益的总流入。高质量的营业收入应该既表现为有充足的现金回款又表现出持续的增长态势，以彰显企业在行业中的市场占有率和核心竞争力。营业收入作为企业获取利润的主要来源，其质量会在一定程度上决定企业的利润质量。因此，营业收入项目质量分析是利润质量分析的基础。一般地，在对企业的营业收入进行分析时，应着重从卖什么、卖给谁和靠什么等方面入手。具体地说，对企业的营业收入项目进行质量分析，应考虑以下几个方面。

（一）营业收入的品种构成分析

为分散经营风险，企业大多会选择从事多种产品或劳务的经营活动。在从事多品种经营的情况下，掌握企业营业收入的具体构成情况对信息使用者来说十分重要：占总收入比重大的产品或劳务是企业目前业绩的主要增长点，而企业销售产品或者劳务结构的变化往往会传递出企业市场环境的变化、经营战略的调整、竞争优势的变化等信息。信息使用者可以通过对体现企业主要业绩的产品或劳务的未来发展趋势进行分析，来初步判断企业业绩的持续性。需要指出的是，如果企业对某一类产品或者对某一个类型产品过度依赖，就会对某些外界环境变化因素异常敏感，这会加大企业的经营风险。分析中对这样的企业所处的经营环境应尤为关注。

企业能否持续盈利，主要取决于由战略、管理、技术、市场、服务等因素所形成的企业综合竞争优势，即所谓的"护城河"。分析者可通过关注董事会报告（或者管理层讨论），分析企业是否有意开发具有发展潜力、代表未来发展方向的产品，是否可能对企业营业收入的品种构成做出调整，以便找出决定企业现在和未来竞争优势的关键性产品，同时进一步结合行业发展特征和环境变化，判断企业营业收入的未来发展趋势。

在对企业营业收入的品种构成进行分析的过程中，需要强调的是，除了关注其结构与变化，还要注重考察企业现有业务结构与企业战略之间的吻合性。与企业战略关联度低的业务规模即使较大，也不能认为是符合企业发展战略的高质量业务。

（二）营业收入的地区构成分析

从消费者的心理与行为表现来看，不同地区的消费者对不同品牌的产品具有不同的偏好。在企业为不同地区提供产品或劳务的情况下，营业收入在不同地区的构成情况对信息使用者也具有重要价值：占总收入比重大的地区是企业过去业绩的主要增长点。分析不同地区的消费偏好和消费习惯的变化趋势，研究企业产品在不同地区的市场潜力有助于预测企业业绩的持续性和未来发展趋势。

具体地说，在分析中要具体考虑以下几个方面：第一，要分析地区的经济发展后劲与企业业务发展前景的关系，考虑地区的经济总量、经济结构的调整对企业未来市场的影响；第二，要分析地区的政治经济环境，若特定地区政治经济环境的不确定因素比较多，如行政领导人的更迭、特定地区经济政策的调整等，一般会对企业原有的发展惯性产生较大的影响；第三，要分析国际政治经济环境的变化，如过去几年战争导致某些地区动荡，金融危机导致某些地区的发展停滞，低碳经济对企业所在地区和行业产生影响等。

（三）营业收入的客户构成分析

一般情况下，若其他条件相同，企业的销售客户越分散、集中率越低，说明企业产品销售（或劳务提供）的市场化程度越高，行业竞争力越强，营业收入的持续性就会越好。同时，企业的销售客户越分散，销售回款因个别客户的坏账所产生的波动会越小，营业收入的回款质量也就越有保障。因此，通过分析营业收入的客户构成情况，有助于判断企业营业收入的质量和业绩的波动性。

（四）关联方交易对营业收入的贡献程度分析

在集团化经营的情况下，集团内各企业之间有可能发生关联方交易。虽然关联方之间的交易也有企业间正常交易的成分，但由于关联方之间的特殊利益关系，它们有可能为了"包装"某个企业的业绩而人为地制造一些业务。信息使用者必须关注关联方交易形成的营业收入在交易价格、交易实现时间等方面是否存在非市场化因素，考察企业业绩的真实性和市场化能力。一般来说，在相同的市场环境下，参与竞争的各方最终会实现优胜劣汰，只有靠市场获得持续发展的企业才具有核心竞争力。

（五）部门或地区行政手段对营业收入的贡献程度分析

在我国现阶段市场经济的发展过程中，部门或地区行政手段对企业营业收入的影响不容忽视。一些新兴产业在发展初期十分需要部门或地区行政手段的支持，而在企业步入稳定发展阶段以后，或者在企业所处的行业已经发展成熟的情况下，部门或地区行政手段的影响应当逐步淡化。

二、营业成本项目质量分析

营业成本是指与营业收入相关的已经确定了归属期和归属对象的成本。在不同类型的企业里,营业成本有不同的表现形式。在制造业或工业企业里,营业成本表现为已销产品的生产成本;在商品流通企业里,营业成本表现为已销商品的购进成本;而在服务类企业里,营业成本则表现为所提供劳务的服务成本。

在此,需要解释一下营业总成本和营业成本的区别:营业成本包括产品和服务的直接成本,而营业总成本包括经营活动中产品和服务的直接成本以及发生的其他成本费用。比如,贵州茅台销售白酒时,生产白酒的粮食、工人工资、酒瓶及盒子、水电费、固定资产折旧等直接成本就是营业成本,加上销售过程中的广告费、销售人员工资以及企业管理过程中发生的费用等所有营业开支,就是营业总成本。

工业企业产品销售成本是指已售产品的实际生产成本,它是根据已销产品的数量和单位生产成本计算出来的。已销商品的成本即商品采购成本,是商业企业为销售商品在采购时支付的成本。它又分为国内购进商品成本和国外购进商品成本。国内购进商品成本包括国内购进商品的原始进价,即实际支付给供货单位的进货价款、购入环节交纳的税金和国内购进商品并已出口所收取的退税数额(作为当期出口商品成本的减项);国外购进商品成本中还要包括关税等一系列相关费用。而服务类企业营业成本的构成项目会因所处行业不同而有所不同,基本上都包括与所提供劳务直接相关的人力、物力等方面的开支。影响企业的营业成本的因素,既有企业不可控的因素(如受市场因素的影响而产生的价格波动);也有企业可以控制的因素(如在一定的市场价格水平条件下,企业可以通过选择供货渠道、采购批量等来控制成本水平),还有企业通过成本会计系统的会计核算对营业成本的人为处理因素。因此，对营业成本的质量评价应综合考虑多种因素。一般地，在分析中至少应关注营业成本的计算是否真实。会计核算有此消彼长的关系。在企业的生产、销售规模趋于稳定的情况下，营业成本与期末存货余额之间的相对规模应该大体保持不变。当营业成本与期末存货余额之间的相对规模出现异常波动，尤其是企业的毛利率也随之发生异常波动时，若这种现象无法用正常的理由进行解释，则往往可能是企业出于某种动机，通过"低转成本"或者"高转成本"等手段人为操纵利润的一种迹象。

三、期间费用项目质量分析

期间费用是指不受企业产品产量或销量增减变动影响，不能直接或间接归属于某个特定对象的各种费用。这些费用容易确定发生期间和归属期间，但很难判别其归属对象，因而，在发生的当期应从损益中扣除。我国把期间费用分为销售费用、管理费用、研发费用和利息费用三种。

对各项期间费用的质量分析应强调两个方面的内容：（1）分析期间费用的质量，不能只强调各项期间费用发生的规模，更应强调各项费用发生后所带来的效益。大部分的期间费用在规模上都是相对固定的，即不能简单通过压缩规模来控制期间费用。有些期间费用如广告费、研发费、人力资源开发费用等，虽然可以通过企业决策来改变其发生规模，但是规模的压缩往往会直接影响企业的发展前景。所以，在期间费用控制方面，不要片面强调节约和压缩，而要强调效益；不要追求费用最小化，而要追求成本效益最大化。

（2）分析期间费用的质量，应关注各项费用对人的行为和心理所产生的影响。适当的费用宽松可以调动员工的积极性、创造性和忠诚度，这对企业是有益的。否则，得到控制的仅仅是费用的发生规模，而其结果可能是企业效益和效率更大幅度的下降。如果在企业的费用预算管理中考虑心理因素，所带来的增量效用可能会远高于增量费用支出。只要企业在发展，控制期间费用发生的绝对规模就不应该成为期间费用预算管理的首要目标，相应地，成本费用率也不应该成为期间费用质量的唯一考核标准。

（一）销售费用项目质量分析

销售费用是指企业在销售商品和材料、提供劳务的过程中发生的费用。一般包括：应由企业负担的运输费、装卸费、包装费、保险费、销售佣金、差旅费、展览费、广告费、租赁费（不包括融资租赁费用）、销售人员的薪酬以及专设销售机构的经常性费用等。

从销售费用的基本构成来看，有的与企业的业务活动规模有关，如运输费、装卸费、整理费、包装费、保险费、销售佣金、差旅费、展览费、委托代销手续费、检验费等；有的与企业从事销售活动人员的待遇有关，如营销人员的薪酬；有的与企业的未来发展、开拓市场、扩大企业品牌的知名度等有关，如广告费、促销费。从企业管理层对上述各项费用的有效控制来看，尽管管理层可以对诸如广告费、营销人员的薪酬等项目采取控制措施来降低其规模，但是，这种做法要么对企业的长期发展不利，要么会影响有关人员的工作积极性。因此，在企业业务得到发展的情况下，企业的销售费用不应盲目降低。

对销售费用的质量分析包括以下几个方面：(1)计算销售费用与营业收入和核心利润的比率，通过同行业比较和前后期比较，结合行业竞争状况和企业在销售费用控制方面的举措，考察销售费用支出的有效性；(2)分析销售费用中诸如广告费、促销费、展览费、销售网点业务费等与企业营销策略有关的项目所占比重的变化情况，关注这些项目对企业长期销售能力改善、企业长期发展可能做出的贡献，考察销售费用的长期效应；(3)在销售费用存在异常波动的情况下，结合行业竞争态势和竞争格局的变化、企业营销策略的变化以及相关会计政策的变化等因素，判断销售费用波动的合理性，关注是否有人为主观操纵的迹象。

（二）管理费用项目质量分析

管理费用是指企业行政管理部门为管理和组织企业生产经营活动而发生的各项费用支出，包括由企业统一负担的管理人员的薪酬、差旅费、办公费、劳动保险费、职工待业保险费、业务招待费、董事会会费、工会经费、职工教育经费、咨询费、诉讼费、商标注册费、技术转让费、排污费、矿产资源补偿费、聘请中介机构费、修理费、房产税、土地使用税、车船税、印花税、审计费以及其他管理费用等。

管理费用的项目比较庞杂，对其进行质量分析的难度较大。总体而言，有些项目的支出规模与企业规模有关，对其实施有效控制可以促进企业管理效率提高；而对有些项目（如企业研发费、职工教育经费等）的控制或压缩反而会对企业的长远发展产生不利影响，不宜盲目降低其规模。一般情况下，在企业的规模、组织结构、管理风格和管理手段等方面变化不大的情况下，企业的管理费用规模也不会有太大变化。

与销售费用类似，对管理费用质量也可以从支出的有效性、长期效应以及异常波动的合理性等几个方面来考察。

（三）研发费用项目质量分析

研发费用是指企业与研究开发工作相关、直接作为费用计入利润表的相关资源消耗，包括研发人员人工费用、研发过程中直接投入的各项费用、与研发有关的固定资产折旧费、无形资产消费以及新产品设计费等。

我国将研发费用作为一项单独的费用在利润表上列示，是从上市公司2018年年度报告开始的。在此之前，研发费用是与管理费用一起并称为管理费用来列示的。

从当期效益的观点来看，研发费用将直接减少企业当期的核心利润、营业利润、利润总额和净利润。

但是，从企业持续发展的战略来看，当企业需要研发来维持技术能力以保持竞争力时，研发费用就有了战略含义。因此，研发费用的规模及其运用的有效性在很大程度上与企业未来的竞争力乃至生存状况有关。

由于企业所处的竞争环境以及企业自身经营特点的复杂性，一般难以根据研发费用投入规模、企业所处行业的技术进步特征、同行业主要竞争对手的研发投入状况以及企业营业收入和毛利率的持续变化等方面来进行。

（四）利息费用项目质量分析

利息费用指计入特定会计期间的企业资金的筹集和运用中发生的各项利息支出。在利润表上，在2017年年度报告以前，利息费用与利息收入一起在"财务费用"项目反映。在2018年年度报告后，上市公司被要求除了列示财务费用外，还要将利息费用与利息收入分别列示。

一般情况下，企业贷款利息水平的高低主要取决于三个因素：贷款规模、贷款利息率和贷款期限。

（1）贷款规模。企业贷款规模的降低可以导致计入利润表的财务费用下降，增加企业的当期利润。但是，更应关注贷款规模下降的恰当性，即是否与企业经营战略调整相适应，是否与企业未来的资金需求相适应，是否有可能因贷款规模的降低而限制企业的未来发展。

（2）贷款利息率和贷款期限。从企业融资的角度来看，贷款利息率的具体水平主要取决于以下几个因素：一定时期资本市场的供求关系、贷款规模、贷款的担保条件以及贷款企业的信誉等。在利率的选择上，可以采用固定利率、变动利率或浮动利率等。可见，影响贷款利率的既有企业不可控制的因素，也有企业可以控制的因素。在不考虑贷款规模和贷款期限的条件下，企业的利息费用将随着利率水平而波动。在分析中，应主要关注可控性因素的影响，了解企业贷款利率升降所揭示的融资环境、企业信誉等方面的变化，对企业因贷款利率的宏观下调等不可控因素而出现的财务费用降低不应给予过高的评价。

四、资产减值损失与信用减值损失项目质量分析

资产减值损失是指企业计提各种资产减值准备所形成的损失。上市公司自 2018 年年度报告开始,将原资产减值损失分为资产减值损失和信用减值损失分别披露。金融资产减值准备所形成的预期信用损失计入"信用减值损失"项目。

按照现行会计准则的要求,企业应遵循谨慎性原则,于每个会计期末对其资产进行减值测试,对出现减值迹象(即公允价值低于以历史成本为基础的账面价值)的资产要计提减值准备,并相应确认资产减值损失(这是复式记账法的要求)。对资产减值损失与信用减值损失项目进行质量分析时,应关注以下两个方面。

(1)在谨慎性原则下,需要选择账面价值与公允价值中较低的一个作为资产价值的披露标准。也就是说,只要资产按照其账面价值进行披露而不计提任何减值准备,就表明该项资产的质量良好,实现了保值增值。而只有在资产由于某种原因发生贬值时,才需要通过计提减值准备将其账面价值降至公允价值。因此,资产减值损失与信用减值损失反映了企业各相应项目的贬值程度,在一定程度上揭示出这些资产的保值质量以及企业对这些资产的管理质量。涉及的资产主要包括各类债权、存货、固定资产、无形资产以及长期股权投资等。

(2)在对各项资产进行减值测试时,关键环节是要恰当地确定各项资产的公允价值,而公允价值的确定从某种程度上说不可避免主观上的估计和判断,因此,资产减值损失的确认问题实质上属于会计估计问题。既然是估计,就存在人为因素,即存在企业利用主观估计因素蓄意操纵利润的可能。因此,资产减值损失计提恰当与否将直接影响企业利润的真实性与利润质量。

资产减值为资产的真实价值提供了量度，其实质是用价值计量代替成本计量，并将账面金额大于价值部分确认为资产减值损失或费用，资产计量接近真实价值，有助于信息使用者投资决策。

重资产行业企业尤其要注意资产减值的风险。

五、其他收益项目质量分析

上市公司自2017年年度报告开始，将原属于企业营业外收入的部分政府补贴收入归入其他收益项目并"升格"为营业内，作为营业利润的重要支柱进行披露。计入其他收益的政府补助是指那些与企业日常活动相关，但不宜确认收入或冲减成本费用的政府补助。对其他收益项目的质量分析，应注意以下要点：

（1）企业业务与政府政策的关联度。显然，能够获得政府补贴的企业一般来说从事的是政府支持的业务。这意味着，企业的业务和发展方向是受到政府鼓励、支持或者扶植的。这种政策环境有利于企业在特定时期快速发展。

（2）企业对政策的研究能力。企业能够获得政府补贴，部分是因为企业处于政府支持的产业或者从事政府支持的业务。但企业还要对支付的补贴政策进行动态、及时的研究。能够持续不断获得政府补贴的企业，一般是在政府补贴政策方面研究能力较强的企业。

（3）企业主营业务的市场竞争力。政府之所以向企业发放补贴来支持、鼓励或者扶持企业的发展，一般是希望通过补帖帮助企业降低成本，提高企业的核心竞争力。因此，正常的补贴逻辑应该是享受补贴的企业主营业务的市场竞争力由于各种原因表现得较弱，或者企业遇到暂时的经营性困难。这意味着，享受补贴的企业往往是当期市场竞争力较弱的企业。

当然，既然是政策，一般不会是一家企业独自享受。因此，有可能出

现这样的情形：竞争力强的企业由于也符合补贴政策，因而也享受了相关的补贴

（4）政府政策的阶段性。需要注意的是，由于政府对经济政策的动态调整以及企业发展的动态变化，支付的补贴政策经常变化。因此，完全靠政府持续的补贴生存的企业不会有持续的竞争力。

六、公允价值变动收益项目质量分析

公允价值变动收益是指以公允价值计量且其变动计入当期损益的金融资产、投资性房地产等项目的公允价值变动所形成的计入当期损益的利得（或损失）。按照现行会计准则的要求，以公允价值计量且其变动计入当期损益的金融资产、投资性房地产等项目在资产负债表上应按照公允价值（即市场价格）列示。当这些资产的期末公允价值高于（或低于）其账面价值时，差额需要确认为公允价值变动收益（或损失）。对该项目的质量分析应关注以下两点。

（1）由于引起公允价值变动收益（或损失）的以公允价值计量且其变动计入当期损益的金融资产、投资性房地产等项目期末仍作为企业的资产列示于资产负债表上，并未真正出售交割，因此，这种收益（或损失）仅仅是一种持有收益（或损失），即一种未实现的收益（或损失），也就是一般所称的浮盈（或浮亏），不会给企业带来真实的现金流量。也许在这些资产真正出售交割时，利润表中的这种浮盈（或浮亏）会因为市场价格的变化而不复存在。因此，这种公允价值变动收益（或损失）的存在会影响企业利润的质量，既影响利润的含金量，也影响利润的持续性。但它可以在一定程度上反映这些资产项目的保值质量。

（2）在市场不活跃或者非正常的情况下，对于投资性房地产来说，绝对客观的公允价值难以获取，因此，该项目便不可避免地存在一定的主观

因素，这样就会或多或少影响企业利润的真实性。

七、投资收益项目质量分析

投资收益是指企业对外投资所取得的收益（或发生的损失）。一般而言，投资收益是由企业拥有或控制的投资性资产所带来的收益，主要包括两个部分：（1）投资性资产的持有收益，即在其持有期间从被投资企业获取的一定形式的利润；（2）投资性资产的处置收益，即在处置投资性资产时，售价与初始取得成本之间的差额以公允价值计量且其变动计入当期损益的资产，要求以公允价值计量，在资产负债表日，企业应将其因公允价值变动所带来的损益计入公允价值变动损益（即计入当期损益）。处置该项资产时，其售价与账面价值之间的差额确认为投资收益，同时将以前确认的公允价值变动损益转入当期的投资收益。

可供出售金融资产在持有期间取得的利息和现金股利应当计入投资收益。在资产负债表日，可供出售金融资产应当以公允价值计量，但公允价值变动损益只能计入资本公积而不计入当期损益。处置该项资产时，应将其售价与账面价值之差计入投资收益，同时将以前计入资本公积的公允价值变动损益也转入投资收益。

对于持有至到期投资与贷款和应收款项，企业在持有期间应采用实际利率法，按照摊余成本和实际利率计算确定利息收入，将利息收入计入投资收益。处置该项投资时，应将其售价与账面价值之间的差额计入投资收益。

投资企业对合营企业和联营企业的长期股权投资（持股比例一般在20%~50%之间）在持有期间需要采用权益法，将被投资企业所实现的净利润（或者发生的净亏损）的相应份额（按照其持股比例）确认为投资收益；投资企业对其子公司的长期股权投资（持股比例一般在50%以上）在持有期间则需要采用成本法，将子公司所宣告分派的现金股利按照其持股比例确认为投资收益。处置该项长期股权投资时，其售价与账面价值之间的差额确认为投资收益。

综上所述，在持有期间公允价值变动损益并没有计入投资收益，而是分别计入公允价值变动损益和资本公积，只有在处置时才将公允价值变动损益转入投资收益。因此，从本质上说，公允价值计量属性的引入并没有改变投资收益的数额，处置收益仍然等于售价与初始取得成本之间的差额。

在对企业的投资收益项目进行质量分析时，应从以下两个方面去考察。

1. 对利润含金量的分析

（1）在持有期间获取的投资收益。由于投资企业对合营企业和联营企业的长期股权投资采用权益法，将被投资企业所实现的净利润（或者发生的净亏损）的相应份额确认为投资收益，因此，这种投资收益的含金量取决于被投资企业的分红政策。可以肯定的是，只要被投资企业不将净利润全部用于分红，投资企业所确认的投资收益就会存在不同程度的"水分"，有可能造成投资企业有利润而没有现金流。而投资企业对其子公司的长期股权投资采用的是成本法，将子公司所宣告分派的现金股利按照其持股比例确认为投资收益，因此，投资企业（即母公司）的这种投资收益的含金量基本上是有保障的。其他投资性资产在持有期间所带来的投资收益，无论是股利还是利息，一般情况下都会带来相应的现金流入。

（2）在处置时获取的投资收益。由于在利润表上将售价与初始取得成本之间的差额确认为投资收益，而在现金流量表上"收回投资收到的现金"主要取决于各项投资性资产的售价高低，因此，处置收益的含金量具有很大的不确定性，难以一概而论。

2. 对利润持续性的分析

无论企业持有哪种投资性资产，均意味着相应金额的资产在投资期间实实在在地流出了企业，即这部分资产并不在企业的直接控制之下。除了债权性投资能带来固定的利息收益之外，其他投资性资产给企业带来的收益大小主要取决于被投资企业的收益情况和分红政策，因而，均具有一定的波动性和不可预见性，这会在一定程度上影响企业利润的持续性。

八、资产处置收益项目质量分析

上市公司自 2017 年年度报告开始，将原属于企业营业外收入的资产处置利得归入资产处置收益项目并"升格"为营业内，作为营业利润的重要支柱进行披露。

对于企业的资产处置收益需要注意的是：企业可能会由于处置非流动资产而获得利润（处置收益），从而"改善"营业利润的规模。但实际上，这种"改善"与企业的营业收入没有一点关联，而且这种"改善"不会有持续性。靠资产处置收益改善营业利润的企业，可能其产品的营业状况正在经历困难时期。

九、营业外收入与营业外支出项目质量分析

营业外收入是指企业获取的与其日常生产经营活动没有直接关系的各种收入，主要包括：非货币性资产交换利得、债务重组利得、企业合并损益、盘盈利得、因债权人原因确实无法支付的应付款项、教育费附加返还款、罚款收入、捐赠利得等。营业外支出则是指企业发生的与其日常生产经营活动没有直接关系的各项损失，主要包括：盘亏损失、非常损失、罚款支出、公益性捐赠支出等。

营业外收入并不是由企业常规的经营资金耗费所产生的。因此，在会计核算上，应当严格区分营业外收入与营业收入的界限。而营业外支出这种企业经营过程中的资金耗费通常不会带来任何经济利益，实际上是一种纯粹的"意外"损失。因此，它和营业外收入之间不会像营业收入和营业

成本那样存在配比关系，甚至可以说它们之间一点关系都没有。营业外收入和营业外支出均不是经营活动引起的，一般不会涉及流转税，但它们也是企业盈亏的一部分，因此，应计入利润总额，与营业利润一起缴纳企业所得税，当然需要按照税法先行调整为应纳税所得额。由于营业外收入和营业外支出通常情况下具有偶发性或者一次性的特点，因此，如果它们在企业的利润中占比过大，就会影响企业利润的持续性。

十、所得税费用项目质量分析

所得税费用是指企业根据会计准则确认的应从利润总额中扣除的一个费用项目，它是用经过调整后的本期利润总额乘以企业所适用的税率计算得到的，利润总额减去所得税费用后的差额即净利润。在多数情况下，计算所得税费用的基数即便是经过调整的利润总额，也不一定等于应纳税所得额。简单地说，计算所得税费用的基数是基于会计准则对利润总额进行调整后的结果（可以把它称为调整后的会计利润），而计算应交所得税的基数是应纳税所得额（可以把它称为应税利润），它是基于税法对利润总额进行调整后的结果。

当会计准则与税法在确认应税项目和可抵扣项目上存在不一致的规定时，两者就会产生差异，有时这种差异还很大。那么，在现行会计准则和税法下，会计利润、应纳税所得额、所得税费用、应交所得税以及递延所得税资产（负债）之间到底存在什么样的关系呢？它们之间的关系可以大致通过下列公式予以揭示：

所得税费用＝调整后的会计利润 × 所得税税率

应交所得税＝应纳税所得额（即应税利润）× 所得税税率

递延所得税资产＝应交所得税－所得税费用

在上式中，若所得税费用大于应交所得税，计算结果为负数，则应确认为递延所得税负债。

从以上分析可以看出，所得税费用由于其计算基数是按照会计准则调整后的会计利润，当会计准则与税法在确认应税项目和可抵扣项目上存在不一致的规定时，它和企业实际需要缴纳的所得税之间或多或少存在一些差异，因此，它既不会与利润表中的利润总额存在固定的税率关系，也不会直接反映出企业当期实际缴纳的所得税规模。可以简单地认为，它与应交所得税之间的差异大小可大体反映出会计准则与税法在确认该企业经营成果问题上的分歧大小。

十一、其他综合收益项目质量分析

其他综合收益是指企业根据会计准则的规定未在当期损益中确认的各项利得和损失。简单地说，其他综合收益是建立在资产负债观的基础之上，反映报告期内企业与所有者以外的其他各方之间的交易或事项所引起的净资产的变动额。它突破了传统会计利润的实现原则，在引入公允价值之后，把企业全部已确认但未实现的利得或损失也纳入利润表，使公允价值作为计量属性的使用成为一种必然的趋势。

其他综合收益虽然在当期属于未实现损益，既不纳入计税范围，也不会带来实际的现金流量，但是有可能在未来影响企业的经营成果，因此，对信息使用者来说具有一定的预测价值。

第二节 利润质量分析

企业作为以盈利为目的的经济组织，利用各种经济资源赚取利润的能力（即盈利能力）通常是决定其生存和发展的一项最根本的能力。企业的盈利能力是采购能力、生产能力、营销能力、创新能力、费用管控能力及规避风险能力等一系列能力的最终体现，也是企业各环节经营后果的综合体现。当然，企业在经营活动和管理过程中存在的大多数问题也会通过盈利能力反映出来。在传统的财务报表分析中，企业的盈利能力分析主要是以资产负债表和利润表为基础，结合表内各项目之间的逻辑关系构建一套财务指标体系，通过将这些指标的计算结果与企业以往年份、对标企业以及同行业平均水平进行比较来对企业的盈利能力加以评价。然而本书特别强调，上述财务指标尽管是通过衡量利润的相对规模来评价企业的盈利能力，相对于毛利、利润总额以及净利润等绝对指标来说，在一定程度上增加了不同企业之间的可比性，但它们仍然只关注数量维度的盈利能力问题，并没有考虑质量维度的盈利能力因素。在日常管理实践中，有的企业利润表中利润很高，但是企业真正的盈利能力并不一定很强，这通常是企业在利润质量方面出现问题所致。扭亏为盈绝不能仅仅强调利润金额上的"转负为正"，更应强调利润质量上的"起死回生"。

考察利润的质量，可以从以下三个方面入手：第一，利润的含金量，即从当期来看，利润应能带来相应的现金流量，并且具有较强的支付能力（缴纳税金、支付股利等）。第二，利润的持续性，即从长期来看，企业实现的利润既要有一定的成长性，又要避免波动性，这样更利于对企业的未来发展走势做出判断。第三，利润与企业战略的吻合性。企业不同的战略选择会导致不同的资产结构（指经营性资产与投资性资产的比例关系），直接带来不同的盈利模式，产生不同的利润结构，因而，利润结构与资产结构的吻合度可以在一定程度上体现企业战略的实施效果。

一、利润的含金量分析

利润的含金量是指企业的主要利润构成项目获得现金流量的能力。利润的含金量分析实际上是对利润的结果进行分析。从利润给企业带来的结果来看，企业利润各项目均会引起资产负债表项目的相应变化：企业收入的增加，对应资产的增加或负债的减少；费用的增加，对应资产的减少或负债的增加。从利润主要项目所对应的资产负债表项目来看，主要涉及货币资金、应收账款、应收票据、其他应收款（或应收股利、应收利息）、存货（在易货贸易的条件下，企业营业收入的增加对应存货的增加）、长期股权投资、固定资产、无形资产等。但一般认为，企业赚取利润最终能够带来充足的可自由支配的现金，应该是最理想的状态。因此，考察企业利润的质量，有必要分析利润的含金量。至于利润引起的各项资产的质量，请参见本书资产项目质量分析部分。

会计上的利润是基于权责发生制核算出来的企业经营成果，收入和费用的确认时间与企业实际收付现金的时间并不一致。但是一般来说，在企业回款和付款等各项经营活动相对正常的情况下，利润与现金流量之间会保持一个大体稳定的比例关系。此外，在核算过程中，无论是收入的确认还是成本费用的确认，都会受到会计政策的主观选择性的影响，存在一定的人为因素，同时也不可避免地给企业提供一定的利润操纵空间。出于判断利润真实性的考虑，也需要在一定程度上关注利润的含金量问题。因此，考察企业利润的含金量就成为衡量利润质量非常重要的一个方面。具体操作是，通过对企业利润各主要项目与相应的现金流量项目进行比较分析，来判断企业利润的含金量。具体地说，应该主要开展以下三个利润项目的含金量分析。

（一）核心利润的含金量分析

核心利润是企业开展经营活动所赚取的经营成果，因此，通过与经营活动产生的现金流量净额进行比较，就可以了解核心利润产生现金净流量的能力。然而，由于两者在计算口径上存在差异，因此，需要将核心利润调整为同口径核心利润后再与经营活动产生的现金流量净额进行比较。同口径核心利润可以按照如下公式进行调整：

同口径核心利润＝核心利润＋固定资产折旧＋其他长期资产价值摊销＋利息费用－所得税费用

之所以对利润表中的核心利润进行若干调整，将同口径核心利润与现金流量表中经营活动产生的现金流量净额进行比较，是因为利润表中的核心利润在计算时减除了当期的固定资产折旧、其他长期资产价值摊销等非付现费用和属于筹资活动范畴的财务费用，但没有减除企业的所得税费用。而在现金流量表中，经营活动产生的现金流量净额在计算时并未减除上述非付现费用，却减除了企业实际缴纳的所得税；而企业支付的利息在现金流量表中是作为筹资活动产生的现金流出项目，与企业的经营活动没有直接关系。因此，只有将企业利润表中的核心利润调整为同口径核心利润，才能使利润表数据与现金流量表的相应数据在口径上大体一致，才可以进行基本的数量比较。

在稳定发展的条件下，同口径核心利润应该与现金流量表中的经营活动现金流量净额大体相当。如果差距巨大（这里主要指后者严重不足），则应该分析原因。可能的原因主要有以下几种：

1. 企业收款不正常减少，导致回款不足，从而引起现金流量表中经营活动产生的现金流量净额恶化。比较一下企业利润表中两年的营业收入数字、资产负债表年末与年初商业债权（应收账款与应收票据之和）的规模变化、资产负债表年末与年初商业负债（应付账款与应付票据之和）的规模变化，以及现金流量表中两年的销售回款情况，就可对企业的销售回款是否基本正常做出初步判断。

2. 企业付款不正常增加，导致现金流量表中经营活动产生的现金流量净额下降。如由于企业商业信用下降、行业竞争加剧等原因，导致现金流量表中经营活动产生的现金流量净额下降等重大变化。当然，现实中也存在一些不正常的采购行为，如有些制造企业在原材料成本相对较低的时期购入超过当期消耗量的原材料进行储备;有些房地产企业在预测今后房价继续上涨的情况下大量囤地,等等。这些行为虽然会导致当期付款的不正常增加,但会因此带来企业未来现金流出量的减少,从而提升企业未来利润的含金量。

3. 企业存在不恰当的资金运作行为。如某些企业"支付其他与经营活动有关的现金"巨大,"其他"活动成了主流活动。

4. 企业在经营活动的收款和付款方面主要与关联方发生业务往来。在这种情况下,企业与关联方之间的业务往来,不论是在核心利润的各个要素(如营业收入、营业成本、销售费用、管理费用等)的确认上,还是在各项经营活动的现金流量的流出规模与时间的控制上,均具有较强的可操纵性。在这种情况下,难以按照一般的报表之间的逻辑关系进行分析。

5. 企业报表编制有错误。如果找不到正常的理由来解释企业的这种巨大差异,那么,还有一种可能是,由于各种原因,企业将现金流量表编错,使得信息使用者难以根据一般的逻辑关系对此加以分析。

(二)投资收益的含金量分析

一般而言,投资收益主要有两大来源渠道:投资性资产的持有收益,即在持有期间从被投资企业获取的一定形式的利润;投资性资产的处置收益,即在处置投资性资产时,售价与初始取得成本之间的差额。

(1)持有收益的含金量分析。由于投资企业对合营企业和联营企业的长期股权投资采用权益法,将被投资企业所实现的净利润(或者发生的净亏损)的相应份额确认为投资收益,因此,这种投资收益的含金量取决于被投资企业的分红政策。可以肯定的是,只要被投资企业不将净利润全部用于分红,投资企业所确认的投资收益就会存在不同程度的"泡沫",有可能造成投资企业有利润而没有现金流。而投资企业对其子公司的长期股权投资采用的是成本法,将子公司所宣告分派的现金股利按照其持股比例确认为投资收益,因此,投资企业(即母公司)的这种投资收益的含金量基本上是有保障的。其他投资性资产在持有期间所带来的投资收益，无论是股利还是利息，一般情况下都会带来相应的现金流入。

由于在被投资企业宣告发放股利和实际发放股利之间总有一段时间差，因此，分析投资收益的含金量时，为准确起见，应使用与投资收益相对应的"现金回款"同投资收益进行比较。在企业主要以长期股权投资和长期债权投资为主且年内没有发生投资转让的情况下，与本期投资收益相对应的现金回款的计算公式为：

投资收益的现金回款——现金流量表中的"取得投资收益收到的现金"金额＋年末资产负债表中"应收股利"与"应收利息"之和＋年初资产负债表中"应收股利"与"应收利息"之和。

（2）处置收益的含金量分析。由于在利润表上通常将投资性资产的售价与账面价值之间的差额确认为投资收益，在现金流量表上"收回投资收到的现金"则主要取决于各项投资性资产的售价高低，因而，处置收益的含金量具有很大的不确定性，难以一概而论。

（三）其他收益的含金量分析

从目前上市公司的实际情况来看，政府补贴收入往往会导致企业直接获得货币。因此，一般来说，其他收益获得现金的能力较强，质量较高。

应当正确看待政府补助。政府补助是政府用来调节资源配置的手段之一。能在一定程度上帮助上市公司缓解财务紧张的压力，对上市公司的创新研究发展起到了正面的鼓励作用。

政府补助有其积极的一面，其存在的本质是帮助上市公司完成"造血"，而不是持续的"输血"。对企业当期利润质量分析时必须看待分析所获得补助，同时也要防止企业对政府补助的依赖，以及由政府补助而产生的惰性思想，甚至有的企业利用政府补助保壳。同时还必须清醒地认识到，政府补助不具有持续性，企业必须依靠自身实力在市场上获取利润、站稳脚跟。

二、利润的持续性分析

利润的持续性是指企业盈利能力在过去与未来一段时期内持续发展的状况。一般情况下，说企业具有较强的盈利能力，应该强调它在行业中保持相对稳固的竞争地位和核心竞争力，具有较光明的市场发展前景，而不是仅仅关注当期盈利的规模，更何况企业会受到某些偶发的政策、市场因素或者某些内部因素的影响。企业实现的利润水平是否具有持续性是判断企业投资价值的核心要素。不具备持续盈利能力的企业，其前景处于高度不确定状态，持续经营的会计基本假设可能"摇摇欲坠"。此外，如果企业在某一期间所实现的利润规模是采用人为手段粉饰（甚至造假）的结果，那么，这样的利润因缺乏持续性迟早会露出马脚。因此，利润的持续性分析应成为衡量企业利润质量的另一重要方面。利润的持续性可以从成长性和波动性两个方面分别考察。

（一）利润的成长性分析

成长性是企业发展的灵魂，是衡量企业财务状况和预测企业发展前景的重要方面。由于在利润的构成中，核心利润最能体现企业在行业中的竞争地位和核心竞争力，因此，可通过核心利润及核心利润率的增长幅度来考察企业在核心业务上的盈利能力变化趋势。而核心利润的高低取决于产品销售等业务带来的营业收入的增长幅度，因此，通常情况下，营业收入的增减变化可以在一定程度上反映企业的成长性和未来的发展趋势。此外，企业毛利及毛利率的走势也是考察企业核心竞争力变化的一个非常重要的方面。

（1）营业收入增长率。营业收入增长率往往是衡量企业经营状况和市场占有能力、预测企业经营业务拓展趋势的重要标志。不断增加的营业收入是企业生存的基础和发展的条件。通常，具有高成长性的企业都是主营业务突出、经营比较单一的企业。营业收入增长率越高，表明企业产品的市场需求越大,业务扩张能力越强。

营业收入增长率可以作为衡量公司的产品生命周期的一个重要参考指标,用以判断公司发展所处的阶段。经验数据告诉我们,在不考虑行业差异的情况下,如果营业收入增长率超过10%,一般说明企业产品处于成长期,将继续保持较好的增长势头,企业尚未面临产品更新的风险,属于成长型企业;如果一家企业的营业收入增长率连续几年保持30%以上,那么可以认为,这家企业具备高成长性,往往会成为市场上受追捧的投资对象;如果营业收入增长率在5%~10%之间,一般说明企业产品已进入稳定期,不久将进入衰退期,需要着手新产品的开发;而如果该比率低于5%,基本上说明企业产品已进入衰退期,保持市场份额已经很困难,业务利润开始滑坡。如果没有开发出新产品,企业将日趋衰落。

(2)毛利与毛利率的走势。行业毛利率的平均水平会在一定程度上反映所处行业的基本特征,如行业的竞争状况、行业的成熟程度等;行业内企业毛利率的相对水平会在一定程度上反映企业产品在市场上的相对竞争实力,而产品的竞争实力又是企业核心竞争力的重要决定因素。因此,分析企业毛利率的水平及其走势非常必要。

如果企业拥有较高的毛利率,可能是由于以下几种原因:第一,企业所从事的产品经营活动具有垄断地位,在这种情况下,应该关注企业所拥有的垄断地位会保持多久;第二,企业所从事的产品经营活动由于各种原因具有较强的核心竞争力,在这种情况下,应该关注企业长期保持其核心竞争力的能力;第三,企业所从事的产品经营活动由于行业周期性波动而暂时走高,在这种情况下,应该关注企业所从事行业的周期性变化规律;第四,企业由于盲目生产产品导致产大于销、存货积压,从而引起毛利率的提高,在这种情况下,应该关注企业的产品生产决策是不是基于市场的未来需求,或者是纯粹的决策失误;第五,企业会计处理不当,故意选择调高毛利率的手段,在这种情况下应该考虑它对企业未来业绩的影响,同时要关注注册会计师出具的审计报告的意见类型与措辞。而如果企业与行业平均水平相比拥有较低的毛利率，则可能是由于以下几种原因：第一，企业产品的生命周期已经进入衰退期，在这种情况下，通常会伴随着全行业毛利率的普遍下滑，应该关注企业在产品转型、产品开发等方面的举措，分析企业有无盈利模式转变的战略性思考（可根据年报中的"经营情况讨论与分析"部分进行分析）；第二，企业产品在品牌、质量、成本和价格等方面没有竞争力，在这种情况下，应该关注企业的核心竞争力到底体现在哪些方面，未来发展前景如何；第三，企业会计处理不当，故意选择调低毛利率的手段，在这种情况下，同样应该关注注册会计师出具的审计报告的意见类型与措辞，并考虑它对企业未来业绩的影响。无论是哪种情况造成的毛利率下滑，都意味着当期企业单位产品的盈利能力在下降。

（3）核心利润与核心利润率的增长率。前已述及，对于以自身经营为主的企业，核心利润应该成为企业一定时期财务业绩的主体。因此，通过计算和比较企业近几年来核心利润的增长率，既可以考察企业基本业绩的历史变化趋势，还可以据此大体判断企业未来业绩的走势。

应当特别关注企业的核心利润年度间的非经营性变化。非经营性变化是指，通过会计调整来人为安排核心利润的过高或过低情况。实际上，在前面分析毛利率变化、销售费用变化和管理费用变化时考虑的会计调整因素，必然会综合反映到核心利润的变化上。

核心利润与营业收入之比就是核心利润率。很明显，核心利润率是企业经营活动基本盈利能力的表现。通过计算企业核心利润率的增长率，可以进一步把握企业自身经营活动的盈利能力的变化情况。同时，将企业的核心利润率与其目标核心利润率、特定企业的核心利润率以及同行业平均核心利润率进行比较，可以更清晰地认识企业的核心竞争力和竞争地位。

（二）利润的波动性分析

利润的波动性是指企业利润无法相对保持稳定而出现业绩变化的区间

范围，可以通过企业各期利润的相对变化幅度来加以衡量。如果企业的利润构成中存在某些无法持续发生的"非经常性损益"项目，就会在一定程度上影响企业利润的波动性。在此基础上，还要分析企业所面临的内外部环境、自身的竞争优势以及战略调整情况等各方面因素对利润波动性可能产生的影响。

非经常性损益是指公司发生的与经营业务无直接关系，以及虽与经营业务相关，但由于其性质、金额或发生频率而影响了真实、公允地反映公司正常盈利能力的各项收入、支出。关于哪些项目应该属于非经常性损益项目，难以穷举，只能依据会计准则进行实质性判断。

根据财政部和中国证监会的现行规定，对非经常性损益项目的相关信息，上市公司应该在利润表下面以补充资料的形式予以披露。而在披露上市公司的净资产收益率和每股收益两个财务指标时，也应该同时披露扣除非经常性损益后的两个指标的相关结果。

在判断某项损益是否为非经常性损益时，除了考虑该项损益与生产经营活动的联系外，更重要的是考虑该项损益的性质、金额或发生频率的大小。具体地说，在经营活动、投资活动以及筹资活动中，都有可能产生一些非经常性损益。

（1）经营活动可能涉及的非经常性损益项目。企业在商品经营活动中，对于显失公允的关联购销交易产生的损益、资产的处置或置换损益、债务重组损失、有关资产的盘盈或盘亏，以及相关的补贴收入、税收优惠等应作为非经常性损益处理。这些项目通常在利润表中体现为"营业外收入（或支出）""其他收益"等项目。需要说明的是，其他收益中包含的各种税收优惠及税收返还、财政补助等其他各种补贴收入，若符合相关规定，且能在未来较长期限内获得，则应该将这些收益作为企业经常性损益的组成内容。信息使用者可以结合其他收益、营业外收入（或支出）项目的附注说明来加以判断。

另外，对企业资产计提减值准备而发生资产减值损失是企业在持续经营过程中经常发生的事项，因此，不应该将资产减值损失看作非经常性损益。但在我国部分上市公司中，在企业扭亏为盈或保持盈利势头的关键年份，往往出现资产减值损失这类"小项目"成为业绩主要支撑项的情形。这时，信息使用者就应该对这种"小项目的大贡献"的可持续性进行考察。

（2）投资活动可能涉及的非经常性损益项目。企业发生的投资活动通常包括股权投资和债权投资两种基本类型，由此获取的投资收益能否作为企业的经常性损益应该根据其形成的具体来源进行分析。

①企业基于战略发展的考虑进行各种长期投资，其主要目的并不在于短期内转让以获取价差收益。因此，通过对外的长期股权、债权投资在持有期间所获取的正常投资收益应该作为经常性损益。但是，长期投资的处置收益属于"一次性"的偶发业务，由此产生的损益应该全部作为非经常性损益处理，否则无法合理地评价企业的盈利能力。

②企业进行各种短期投资（包括委托理财产品）的目的主要在于获取短期内的价差收益。由于在经营活动中，收入和支出之间存在时间差，可能导致部分资金闲置，因此，如果企业利用暂时闲置的资金（而非借入的资金）直接进行（而非委托其他单位进行）短期投资，则可以将此类投资产生的收益作为企业的经常性损益处理。因此，在实务中，利润表中的"公允价值变动收益"通常不列入非经常性损益。但由于它属于未实现损益，如果在企业利润构成中占比过大，则要额外关注该项目对企业利润持续性所造成的影响。

③如果企业向其他企业拆出资金或委托金融机构发放贷款，也应该作为企业的投资活动。如果此类活动产生的收益高于或低于现行同期贷款利率，则应该将实际获取的收益与按照同期银行贷款利率计算的结果之间的差额作为非经常性损益处理。

（3）筹资活动可能涉及的非经常性损益项目。筹资活动可能涉及的非经常性损益项目主要有三类，即企业进行工程项目建设获得的财政贴息收益计入当期损益的部分，企业向关联企业及其他企业拆入资金时实际支付的资金占用费与按照银行同期贷款利率计算的结果之间的差额，以及由于汇率变动而形成的汇兑差额。这些项目大多数都会反映在企业的财务费用中，但信息使用者能否获取相关信息，要视上市公司对财务费用附注披露的详略程度而定。

（4）其他应作为非经常性损益的项目。其他应作为非经常性损益的项目如捐赠支出、债务重组损失、罚款收入或支出、非常损失等（不含前面提及的项目），基本上都列示于营业外收入或支出项目中。此外，由于公司会计政策在制定以后一般应该保持相对稳定，因此，会计政策变更不应是经常发生的事项。由于变更会计政策对以前年度进行追溯调整而引起的以前年度损益的变化，应该作为当年的非经常性损益处理。这方面信息可以在股东权益变动表中找到。

三、利润的战略吻合性分析

企业不同的资源配置战略选择会导致不同的资产结构（指经营性资产与投资性资产的比例关系），直接带来不同的盈利模式，不同的盈利模式又产生不同的利润结构，因而，企业的利润结构与资产结构之间的吻合性可以在一定程度上体现企业资源配置战略的实施效果。也就是说，可以通过企业的利润结构与资产结构之间的对应关系来判断利润的战略吻合性。

在分析企业的利润结构与资产结构之间的对应关系时，为便于比较，通常的做法是忽视"资产减值损失""信用减值损失""公允价值变动收益"这三个常规"小项目"。在金额较大时，可将前两者归入核心利润部分，将后者归入广义投资收益的范围，将营业利润分为核心利润和投资收益两个部分。

（一）利润结构与资产结构的匹配性分析

在分析中，通常采用母公司数据，分别计算经营性资产与投资性资产的比例关系以及核心利润与投资收益的比例关系。如果不考虑不同的商业模式、行业间的营利性差异以及企业处在不同的发展阶段而产生的盈利差异等各种因素，可以简单地通过如下比较大体上对上市公司自身利润的战略吻合性加以评价：从长期来看，如果两者大致相当，则说明企业战略的实施效果较好，利润的战略吻合性较高；如果两者相差较大，在一些主客观因素无法给出合理解释的情况下，一般认为企业战略的实施效果不够好，利润的战略吻合性较低。

（二）企业各类资产的盈利能力分析

在传统的财务指标中，通常只将资产总额与利润总额（或者息税前利润总额）进行比较，计算总的资产报酬率。但由于企业会选择实施不同的战略，导致不同的资产结构（指经营性资产与投资性资产的比例关系），产生不同的利润结构，因此，通常情况下，各类资产的相对盈利能力是不同的，有必要对企业的各类资产分别进行盈利能力分析（这里主要从数量维度考虑），以帮助分析者找出企业资产中相对较强的盈利区域。这样更有利于企业管理者及时调整经营战略，也有利于投资者更清晰地判断企业未来的发展走势。

（1）经营性资产的盈利能力分析。可以通过计算经营性资产报酬率来进行分析与评价。

经营性资产报酬率＝核心利润／平均经营性资产 ×100%

除了一般性地比较企业年度间、企业间的经营性资产报酬率以外，还应注意：经营性资产种类繁多，不同经营性资产的利润贡献方式可能存在较大差异。例如，在企业从事一般经营活动的同时兼营投资性房地产业务的情况下，投资性房地产业务的租金收入（属于营业收入）与普通产品销售（营业）收入对利润的贡献方式显然不同。因此，应特别关注经营性资产的结构性差异对企业利润贡献造成的不同影响。

（2）投资性资产的盈利能力分析。可以通过计算投资性资产报酬率来进行分析与评价。

投资性资产报酬率＝投资收益／平均投资性资产×100%

除了一般性地比较企业年度间、企业间的投资性资产盈利能力以外，还应注意：以公允价值计量且其变动计入当期损益的金融资产和非流动资产中有诸多形态的投资性资产，不同形态的投资性资产产生的投资收益在确认和计量方法上存在较大差异，如金融资产处置收益、长期股权投资转让收益、成本法和权益法确认的投资收益以及利息收益等。因此，应特别关注不同投资性资产在利润确认方面存在的差异。在以公允价值计量且其变动计入当期损益的金融资产当期所带来的公允价值变动收益金额较大时，可以将其归入投资收益范围。

（3）资产管理和利润操纵倾向。通过比较投资收益与投资性资产、核心利润与经营性资产之间的相对盈利能力差异，也可以对企业的资产管理、利润操纵等方面做出判断。

①投资性资产的盈利能力与经营性资产的盈利能力大体相当。这时一般认为，企业的内部产品经营活动与对外投资所涉及的产品经营活动所具有的盈利能力相当，管理效率相当。在这种情况下，企业的管理活动应该集中在提高现有资产的利用率（企业现有资产利用率、周转率还有提升空间）或者扩大产品经营规模与对外投资规模上（企业现有资产利用率、周转率已经处于较高水平）。

②投资性资产的盈利能力强于经营性资产的盈利能力。这时一般认为企业对外投资的效益高于企业内部经营产品的效益。经营性资产的盈利能力较弱，可能意味着企业在经营性资产方面存在不良占用（或非经营性占用）、资金周转缓慢、产品在市场上没有竞争优势等。在管理上，企业应该考虑的重点是提高内部资产的利用率、消除不良占用和提升产品在市场上

的竞争力等。在现有经营状况难以为继的情况下，企业还应当考虑产品结构的战略调整。

另外，投资性资产的盈利能力强也有可能意味着企业在对外投资的收益确认方面存在较大的虚假和泡沫成分。在这种情况下，企业的泡沫利润虽然可以"填充"企业近期的财务业绩，但可能对企业未来发展产生不良影响。这时，需要视具体情况做具体分析。

③投资性资产的盈利能力弱于经营性资产的盈利能力。这时一般认为，企业对外投资的效益在下降。经营性资产的盈利能力较强，可能意味着企业在经营性资产方面管理质量较高，产品在市场上有明显竞争优势等。投资性资产的盈利能力偏弱，企业应该考虑的重点是做出继续持有还是出售有关投资的决策，或者通过加强对投资对象的管理来提升对外投资的盈利能力。

（三）对利润战略吻合性的进一步分析

实际上，我们还可以对企业的资产做更为细致的划分，把投资性资产进一步分为控制性投资和其他投资，这样，资产就分为经营性资产、控制性投资和其他投资三个部分。其中，经营性资产和控制性投资是分析的重点。

经营性资产在企业的经营活动中会直接获取核心利润，而控制性投资实际上就是子公司的经营性资产，因此，控制性投资所带来的经营成果体现为子公司的核心利润。

综上所述，本书的利润质量分析体系是基于"资产创造利润，利润带来现金流量"这一逻辑关系构建起来的。

概括起来，无论是公司自身的经营性资产，还是通过对外投资形成的子公司的经营性资产，在三张报表中都有一条非常清晰的分析脉络：经营性资产经营活动产生的现金净流量。通过这条脉络，我们就能够比较清晰地判断企业经营性资产的整体质量和利润质量。但是，在实践中存在一种特殊类型的企业——以控制性投资为主体的企业。对这样的企业进行质量分析，必须采用另一个分析脉络。由于以控制性投资为主体的企业自身基本不开展经营活动，主要从事对外投资活动以及后续的投资管理工作，因此，这类企业报表中的资产项目主要有三个：货币资金、其他应收款以及长期股权投资，而固定资产等常规的经营性资产项目金额相对较少。在子公司不分红的情况下，母公司的利润表中就无法显示投资收益（由成本法的核算特点决定）。在这种情况下，企业利润表中的营业收入规模可能会很小，而管理费用、销售费用、财务费用等期间费用却要照常发生，结果导致母公司利润表中所显示的企业业绩非常差——净利润是一个惨不忍睹的负数。这时，要想正确判断企业的资产质量和利润质量，就必须采用另一个脉络展开分子公司经营活动产生的现金净流分析：母公司控制性投资资产——子公司的核心利润量。其中，子公司的核心利润是在合并报表中体现的，为合并核心利润与母公司核心利润之差，当然，其前提是母、子公司之间所发生的内部关联交易较少。

需要再次强调的是，以控制性投资为主体的企业，母公司（即投资企业）利润表中的净利润不取决于子公司的效益，而是取决于子公司的分红政策。因此，在集团管理中，要想让母公司的报表业绩好看一些的话，子公司就应该保持持续稳定的现金分红政策。

四、利润质量恶化的外在表现

企业利润的质量恶化往往是一个较为缓慢的过程，甚至具有一定的隐蔽性和欺骗性。但通常情况下，利润质量的恶化总会反映在企业经营的某些方面，因此，信息使用者可以根据某些外在表现及时发现企业利润质量恶化的蛛丝马迹。常见的情况如下。

1. 企业扩张过快

虽然我们在评价企业利润质量时强调成长性问题，指出成长性是企业发展的灵魂，是衡量企业财务状况和预测企业发展前景的重要方面，但无数上市公司失败的案例告诉我们，毫无节制的野蛮生长有可能使企业多年的努力毁于一旦，"过快成长等于加速灭亡"便成为一句管理魔咒。企业在多元化经营的过程中必然面临一个问题：企业对于正在拓展的其他领域，无论是在技术上、管理上还是在营销上，都要有一个逐步适应、探索的过程。企业在发展过程中不可避免地会受到来自资金、资源、管理水平等各方面的制约，这就注定了企业并不是无所不能而是技有所长。如果企业在一定时期内扩张过快，涉及的领域过多、过宽，那么，企业把触角延伸到自己不擅长的领域的概率就会加大，这时所获利润的质量就有恶化的可能。

2. 企业过度举债

企业过度举债，除了发展、扩张性原因以外，还有可能是由于企业通过正常经营活动、投资活动难以获得正常的现金流量支持，即利润的含金量下降。在企业由于回款不力等原因面临利润质量恶化的情况下，通常难以满足经营活动正常的现金需求，企业只能依靠扩大贷款规模来解决资金短缺的难题。但扩大贷款规模会因企业未来承担更多的利息支出而使企业的业绩雪上加霜，因此，我们一般认为，过度举债往往会导致企业一步步地走向财务困境，这也是企业利润质量恶化的外在表现。

3. 注册会计师（会计师事务所）频繁变更，审计报告出现异常

对于注册会计师而言，企业是他们的客户，注册会计师一般不愿轻易失去客户。只有在审计过程中，当注册会计师与企业管理者就报表编制出现重大意见分歧、难以继续合作时，注册会计师才有可能出于审计风险的考虑而主动放弃客户。因此，对于频繁变更注册会计师（会计师事务所）的企业，会计信息使用者应当考虑企业因业绩下降而不得已造假的可能。这种情况下公布的企业业绩即便维持了原有水平，企业利润质量也极有可能出现恶化。此外，如果企业年报的公布日期比正常的要晚，甚至审计人员发生了变化，通常也是企业利润质量恶化的一种迹象。

4. 企业变更会计政策和会计估计

根据一致性原则，企业一旦确定了会计政策和会计估计基础，不得随意改变。但如果企业赖以决策的基础发生了变化，或者获得了新的信息、积累了更多的经验、内外部环境发生了变化等，企业可以对会计政策进行变更或者对会计估计进行修订，但要给出充足的理由。

然而在实务中，有很多企业在并不符合会计准则要求的情况下变更会计政策和会计估计，如变更固定资产的折旧方法、延长固定资产的折旧年限、压低应收账款等资产项目的减值准备计提比例等，其变更的目的不排除借此改善企业财务业绩。因此，尤其是在企业面临不良经营状况时，企业有变更会计政策和会计估计的举动，且恰好有利于企业账面利润的改善，那么，这种变更便成为企业利润质量恶化的一种信号。

5. 应收账款规模不正常增加，应收账款平均收账期不正常变长

应收账款是因企业赊销而引起的债权。在企业赊销政策一定的条件下，企业的应收账款规模通常与企业的营业收入保持一定的相关性，企业的应收账款平均收账期也应保持相对稳定。值得注意的是，企业的应收账款规模在一定程度上与企业在赊销过程中所采用的信用政策有关（尤其是那些产品在市场上可替换性强、市场竞争激烈的企业），放宽信用政策（放松对顾客信誉的审查、放宽收账期）将会刺激销售，扩大应收账款的规模，延长应收账款平均收账期。

因此，企业应收账款的不正常增加、应收账款平均收账期的不正常变长，有可能是企业为了增加营业收入而放宽信用政策的结果。过宽的信用政策可以刺激企业营业收入立即增长，但是，企业会面临未来发生大量坏账的风险，利润的含金量会受到影响。

6. 应付账款规模不正常增加，应付账款平均付账期不正常延长

应付账款是因企业赊购商品或其他存货而引起的债务。在企业供应商的赊销政策一定的条件下，企业的应付账款规模应该与企业的采购规模保

持一定的对应关系。在企业产销较为平稳的条件下，企业的应付账款规模还应该与企业的营业收入保持一定的对应关系，企业的应付账款平均付账期也应保持相对稳定。如果企业的购货和销售状况没有发生很大变化，企业的供应商也没有主动放宽赊销的信用政策，但企业的应付账款规模却不正常增加，应付账款平均付账期也不正常延长，就有可能成为企业支付能力恶化、资产质量恶化、利润质量恶化的一种外在表现。

7. 企业存货周转过于缓慢

存货周转过于缓慢，表明企业在产品质量、价格、存货控制或营销策略等方面出现了一些问题。存货周转越慢，企业存货占用的资金也就越多。过多的存货除了占用资金、引起企业过去和未来的利息支出增加以外，还会使企业承担存货过时的风险，并产生过多的存货损失以及存货保管成本，这些因素都会在一定程度上降低利润的持续性。

8. 企业无形资产或者开发支出等资产项目规模不正常增加

从无形资产会计处理的一般惯例来看，企业自创无形资产所发生的研究和开发支出一般应计入当期损益，而在资产负债表上作为无形资产列示的主要是企业从外部取得的无形资产。如果企业出现无形资产或者开发支出的不正常增加，有可能是因为收入不足以弥补应当归于当期的花费或开支，企业为了减少研究和开发支出对利润表的冲击而利用这些虚拟资产将费用资本化，从而形成企业"虚盈实亏"的现象。因此，我们有理由认为，企业无形资产或者开发支出等资产项目规模不正常增加是企业盈利能力下降、利润质量恶化的一种掩盖方式。

9. 企业的业绩过度依赖非经常性损益项目

正常情况下，无论企业采用何种战略，营业利润都应该成为企业业绩的主要支撑。但是在实务中，有些企业在利润增长潜力挖尽的情况下，为了维持一定的利润水平，有可能通过非经常性损益项目来弥补核心利润和投资收益的不足。企业通过获取固定资产的处置收益来增加利润就是一种很常见的手段。虽然这一做法在当期有助于企业维持表面繁荣的局面，但如果所出售的项目是企业生产经营中所需要的固定资产，就会使企业的未来经营规模和长期发展战略受到直接冲击，未来的盈利能力和利润质量也必定会受到负面影响。

10. 企业利润表中的销售费用、管理费用等项目规模出现反常走势

企业利润表中的销售费用、管理费用等期间费用基本上可以分成固定和变动两个部分。其中，固定部分主要包括折旧费、人头费等不随企业业务量的变化而变化的费用；变动部分则是指那些随企业业务量的变化而变化的费用。这样，企业各个会计期间的总费用还是会呈现出随企业业务量的变化而变化的特征。当业务量增加时，费用总额一般会相应增加；而当业务量下降时，企业为了改变这种局面，往往会发生更多的诸如广告费、促销费、新产品开发研制费等支出。可见，在企业正常的发展过程中，大规模地降低期间费用的发生水平是有难度的。当然，企业采取有效的成本费用控制措施会使费用有一定的下降，但如果这种下降缺乏持续性，仅在某一期间出现异常下降，就往往是企业为缓解业绩恶化而采用人为操纵的手段所带来的结果。

11. 企业反常压缩酌量性支出

酌量性支出是指企业管理层可以通过自身决策来改变其发生规模的支出，如研究和开发支出、广告费支出、职工培训支出等。我们在前面的分析中已经指出，此类支出可能并不在当期带来全部效益，但对企业的未来发展非常有利。因此，其发生水平通常与企业当期的经营规模和业绩变化不呈直接的线性关系，而与企业的经营战略和管理风格有更密切的联系，一般在一定时期内表现出相对稳定的开支状态。如果这类支出的规模相对于营业收入的规模来说大幅降低，就应考虑有反常压缩的可能。也就是说，企业可能为了避免当期利润规模大幅下降，蓄意缩小酌量性支出规模或推迟其发生的时间。这种迹象往往预示着企业的利润质量可能会进一步恶化。

12. 企业有足够的可分配利润，但长期不进行现金分红

企业股东投资的主要目的有：获取现金股利；控制被投资企业以实现企业的战略目标；耐心持有以实现投资的增值等。其中，获取现金股利是股东投资最基本的一个投资目的。而企业支付现金股利一般需具备两个条件：第一，企业应有足够的可供分配利润（即未分配利润）；第二，企业要有足够的货币支付能力。显然，如果企业有足够的可供分配利润但不进行现金股利分配，无论企业如何解释，我们首先应当怀疑企业没有现金支付能力，或者怀疑管理层对企业未来的发展前景信心不足。在企业没有明确的未来发展规划的情况下，这完全可以认为是企业利润质量下降的一种外在表现。

第四章 价值驱动与价值回归

第一节 现金流量表

现金流量表（statement of cash flow）是反映企业在一定会计期间现金和现金等价物流入和流出相关信息的报表，可以概括反映企业会计期间内发生的经营活动、投资活动和筹资活动等各项经济活动对现金及现金等价物所产生的影响，这些信息在很大程度上弥补了资产负债表和利润表所提供信息的不足。

一、现金流量表相关概念的含义

（一）现金

这里的现金是指企业的库存现金以及可以随时用于支付的银行存款，它是资产负债表的"货币资金"项目中真正可以随时支取的部分，由于被指定了特殊用途而不能随意支取的部分不应包括在内，如其他货币资金中的银行承兑汇票、开票保证金、借款质押保证金、金融机构存放中央银行款项中的法定存款准备金，以及由于受当地外汇管制或其他立法的限制而无法正常使用的外币等。

(二) 现金等价物

现金等价物是指企业持有的期限短、流动性强、易于转换为已知金额的现金、价值变动风险很小的投资。期限短一般是指从购买日起三个月内到期，如可在证券市场上流通的三个月内到期的债券投资（如国库券）等。现金等价物虽然不是现金，但因其随时可以变现，支付能力与现金相似，因此，可视同现金。权益性投资变现的金额通常不确定，因而，不属于现金等价物。

(三) 现金流量

现金流量（cash flow）是某一段时期内企业现金和现金等价物流入和流出的数量，如企业销售商品、提供劳务、出售固定资产、向银行借款等取得现金，形成企业的现金流入；购买原材料、接受劳务、购建固定资产、对外投资、偿还债务等支付现金等，形成企业的现金流出。现金流量信息能够表明企业经营状况是否良好、资金是否紧张以及企业偿付能力大小等，从而为投资者、债权人、企业管理者提供非常有用的信息。

应该注意的是，企业货币资金不同形态之间的转换不会产生现金的流入和流出，比如，企业从银行提取现金是企业现金存放形式的转换，并未流出企业，不构成现金流量；同样，现金与现金等价物之间的转换也不属于现金流量，如企业用现金购买将于 3 个月内到期的国库券等。

二、现金流量表的基本结构

根据企业业务活动的性质和现金流量的来源，现金流量表在结构上将企业一定期间产生的现金流量分为三类：经营活动产生的现金流量、投资活动产生的现金流量和筹资活动产生的现金流量。

现金流量表一般由表头、表身和补充资料三部分构成。现金流量表的表头主要标明编制单位、报表日期、货币计量单位等，由于现金流量表说明的是某一时期的现金流量，因而，现金流量表的表头必须注明"某年某月份"或"某会计年度"。表身是现金流量表的主体部分，主要反映三大活动分别产生的现金流入和现金流出情况。为了使报表使用者通过比较不同期间现金流量的实现情况，判断企业现金流量的未来发展趋势，企业需要提供比较现金流量表，因此，现金流量表还就各项目分为"本期金额"和"上期金额"两栏分别填列。补充资料披露了一些在主体部分未能提供的重要信息或未能充分说明的信息，这部分资料通常列示在报表附注中，主要包括将净利润调节为经营活动现金流量、不涉及现金收支的重大投资和筹资活动、现金及现金等价物净变动情况等方面的信息。

企业由于所处的行业特点不同，对各类活动的认定存在一定差异，在对现金流量表进行分析时，应根据企业所处行业的不同特点和实际情况来考察企业现金流量的类别。本书以我国一般企业现金流量表的基本结构为基础进行分析。

下面对现金流量表中包含的主要项目做进一步说明。

（一）经营活动产生的现金流量

经营活动是指企业投资活动和筹资活动以外的所有交易和事项。各类企业由于行业特点不同，对经营活动的认定存在一定差异。就工商企业来说，经营活动主要包括：销售商品、提供劳务、经营性租赁、购买商品、接受劳务、广告宣传、推销产品、缴纳税款等。在我国，企业经营活动产生的现金流量应当采用直接法填列。直接法是指通过现金收入和现金支出的主要类别列示经营活动的现金流量。

1.经营活动流入的现金

主要包括：（1）销售商品、提供劳务收到的现金：反映企业因销售商品、提供劳务实际收到的现金（含销售收入和应向购买者收取的增值税销项税额），包括本期销售商品、提供劳务收到的现金，以及前期销售和前期提供劳务本期收到的现金及本期预收的账款,减去本期退回本期销售的商品和前期销售本期退回的商品支付的现金,企业销售材料和代购代销业务收到的现金也包括在本项目中。(2)收到的税费返还:反映企业收到的税务部门返还的各种税费。(3)收到其他与经营活动有关的现金:反映企业除了上述各项目外,收到的其他与经营活动有关的现金流入,如经营租赁收到的租金、罚款收入、流动资产损失中有个人赔偿的现金收入等。

2. 经营活动流出的现金

主要包括:(1)购买商品、接受劳务支付的现金:反映企业购买材料和商品、接受劳务实际支付的现金,包括本期购入材料和商品、接受劳务支付的现金(包括增值税进项税额),以及本期支付前期购入材料和商品、接受劳务的未付款项和本期预付款项,本期因购货退回而收到的现金则从本项目中减去。(2)支付给职工以及为职工支付的现金:反映企业实际支付给职工的工资、奖金、各种津贴和补贴,以及为职工支付的"五险一金"和其他福利费用等。(3)支付的各项税费:反映企业按规定支付的各种税费,包括本期发生并支付的税费,以及本期支付以前各期发生的税费和预交的税金,如支付的所得税、增值税、消费税、印花税、房产税、土地增值税、车船税、教育费附加等,不包括计入固定资产价值、实际支付的耕地占用税等。(4)支付其他与经营活动有关的现金:反映企业除了上述各项目外,支付的其他与经营活动有关的现金流出,如企业经营租赁支付的租金、罚款支出、差旅费、业务招待费、保险费等。

(二)投资活动产生的现金流量

投资活动是指企业非流动资产的购建和处置以及不包括在现金等价物范围内的投资性资产的取得和处置活动。

1. 投资活动流入的现金

主要包括:(1)收回投资收到的现金:反映企业出售、转让或到期收回除现金等价物以外的对其他企业的权益工具、债务工具和合营中的权益

(本金)而收到的现金。(2)取得投资收益收到的现金:反映企业除现金等价物以外的对其他企业的权益工具、债务工具和合营中的权益投资分回的现金股利和利息等(不包括股票股利)。(3)处置固定资产、无形资产和其他长期资产收回的现金净额:反映企业处置固定资产、无形资产和其他长期资产所取得的现金,减去为处置这些资产而支付的有关费用后的净额,由于自然灾害所造成的固定资产等长期资产损失而收到的保险赔偿收入也在本项目反映。(4)收到其他与投资活动有关的现金:反映企业除了上述各项目外,收到的其他与投资活动有关的现金流入。

2.投资活动流出的现金

主要包括:(1)购建固定资产、无形资产和其他长期资产支付的现金:反映企业购买、建造固定资产,取得无形资产和其他长期资产所支付的现金(含增值税款)以及用现金支付的应由在建工程和无形资产负担的职工薪酬(不包括为购建固定资产而发生的借款利息资本化的部分,借款利息和融资租入固定资产支付的租赁费在筹资活动产生的现金流量中反映)。(2)投资支付的现金:反映企业取得除现金等价物以外的对其他企业的权益工具、债务工具和合营中的权益所支付的现金以及支付的佣金、手续费等附加费用。(3)支付其他与投资活动有关的现金:反映企业除了上述各项目外,支付的其他与投资活动有关的现金流出。

(三)筹资活动产生的现金流量

筹资活动是指导致企业权益资本及债务资本的规模和构成发生变化的活动。这里所说的权益资本包括实收资本(股本)、资本溢价(股本溢价),与权益资本有关的现金流入和流出项目包括吸收投资、发行股票、分配利润等;这里的债务资本是指企业对外举债所借入的款项,与债务资本有关的现金流入和流出项目包括发行债券、向金融企业借入款项以及偿还债务等。

1.筹资活动流入的现金

主要包括:(1)吸收投资收到的现金:反映企业收到的投资者投入的现

金，包括以发行股票、债券等方式筹集资金实际收到的款项，减去直接支付给金融企业的佣金、手续费、宣传费、咨询费、印刷费等发行费用后的净额（以发行股票、债券等方式筹集资金而由企业直接支付的审计、咨询等费用，在"支付其他与筹资活动有关的现金"项目反映）。（2）取得借款收到的现金：反映企业举借各种短期、长期借款所收到的现金。（3）收到其他与筹资活动有关的现金：反映企业除了上述各项目外，收到的其他与筹资活动有关的现金流入。

2. 筹资活动流出的现金

主要包括：（1）偿还债务支付的现金：反映企业以现金偿还债务的本金，包括偿还金融企业的借款本金、债券本金等。（2）分配股利、利润或偿付利息支付的现金：反映企业实际支付的现金股利，支付给其他投资单位的利润，以及支付的借款利息、债券利息等。（3）支付其他与筹资活动有关的现金：反映企业除了上述各项目外，支付的其他与筹资活动有关的现金流出，如捐赠现金支出、融资租入固定资产支付的租赁费等。

（四）现金流量表补充资料的内容

除现金流量表正表反映的信息外，企业还应在附注中采用间接法披露将净利润调节为经营活动现金流量的信息，同时还包括不涉及现金收支的重大投资和筹资活动、现金及现金等价物净变动情况等方面的信息。

1. 将净利润调节为经营活动现金流量

现金流量表采用直接法反映经营活动产生的现金流量，除此之外，企业还应采用间接法反映经营活动产生的现金流量。间接法是指以本期净利润为起点，通过一系列调整，计算并列报经营活动产生的现金流量的方法。其中，需要调整的项目主要包括：（1）实际没有支付现金的费用；（2）实际没有收到现金的收入；（3）不属于经营活动的损益；（4）经营性应收应付项目的增减变动。通过这些调整项目的列示，可以进一步了解企业净利润与经营活动现金流量之间产生差异的具体原因，有助于深入考察利润的质量。

2. 不涉及现金收支的重大投资和筹资活动

不涉及现金收支的重大投资和筹资活动，反映企业一定期间内影响资产或负债但不形成当期现金收支的所有投资和筹资活动的信息。这些投资和筹资活动虽然不涉及当期的现金收支，但对以后各期的现金流量可能会产生重大影响。例如，企业融资租入设备形成的负债计入"长期应付款"项目，当期并不一次性支付巨额的设备款及租金，但以后各期必须为此支付现金，这会在一定期间内形成固定的现金支出。这类活动还涉及债转股、一年内到期的可转换债券以及融资租入固定资产等。

三、现金流量表的作用

从编制原理来看，现金流量表实质上是按照收付实现制原则编制的，它将权责发生制下的盈利信息调整为收付实现制度的现金流量信息，便于信息使用者了解企业利润的含金量，为评价企业的支付能力和偿债能力，预测企业未来现金流量提供非常重要的依据。具体地说，现金流量表的作用主要体现在以下几个方面。

1. 有助于解释、评价和预测企业的现金流量和现金获取能力

现金流量表将现金流量划分为经营活动、投资活动和筹资活动所产生的现金流量，并按照现金流入和现金流出项目分别反映。因此，现金流量表能够清晰地反映企业现金流入和流出的原因（即现金从哪里来，又用到哪里去），说明企业一定期间内现金余额发生变化的具体原因，这些信息是资产负债表和利润表所不能提供的。同时，由于现金流量表中的"经营活动产生的现金流量"代表企业在经营活动中运用其经济资源创造现金流量的能力，"投资活动产生的现金流量"代表企业通过内外部投资导致现金流量变化的能力，"筹资活动产生的现金流量"代表企业从外部筹资获得现金流量的能力，因此，通过现金流量表及其补充资料的信息，可以分析企业

获取现金的能力，为预测企业未来现金流量提供有价值的信息。

2. 有助于分析企业利润的含金量，评价企业的支付能力和偿债能力

投资者投入资金、债权人提供企业短期或长期使用的资金，主要目的都是盈利。通常，信息使用者比较关注企业的盈利情况，并且以获得利润的多少作为衡量标准。但是，企业一定期间内获得的利润并不代表企业真正具有支付或偿债能力。在某些情况下，尽管利润表上反映的经营业绩很可观，但企业有可能处于财务困境，无法偿还到期债务。还有些企业虽然利润表上反映的经营成果并不可观，但有足够的偿付能力。产生这种情况有许多原因，会计核算采用的权责发生制、配比原则等所含的估计因素是主要原因之一。而现金流量表完全以现金的收支为基础，消除了会计核算中会计估计等因素对盈利能力、偿债能力和支付能力所造成的影响。通过分析现金流量表，能够具体了解企业现金流入、流出的构成，更加全面地从质量维度分析企业利润的含金量，更加客观地评价企业的支付能力和偿债能力，有助于投资者和债权人更加科学地做出投资和信贷决策，提高经济资源的配置效率。

3. 有助于了解和判断企业的现金流量质量以及战略支撑能力

实施企业的战略往往会引起不同程度的现金流出，这就要求企业通过经营活动和筹资活动源源不断地带来现金净流入量。通常可以从经营活动现金流入量的充足性、经营活动现金流出量的合理性以及经营活动现金净流量的稳定性及其对企业战略的支持力度来考察企业经营活动现金流量的质量；从现金流出量与企业战略的吻合性以及现金流入量的营利性来考察企业投资活动现金流量的质量；从筹资活动现金流量与经营活动和投资活动现金流量的适应性、筹资结构的合理性及其对企业战略的支持力度来考察筹资活动现金流量的质量。通过对企业现金流量质量的考察，可以在一定程度上透视企业战略实施的现金支撑能力，有助于信息使用者分析企业未来战略顺利实施的可能性，进而更科学地预测企业未来的发展趋势。

4. 有助于管理者做出更为科学的经营决策

资产负债表能够提供企业一定日期的财务状况，但它提供的是静态的财务信息，并不能反映财务状况变动的原因，也不能表明这些资产、负债给企业带来多少现金，又用去多少现金。利润表虽然反映企业一定期间的经营成果，提供动态的财务信息，但只能反映利润的构成，不能反映投资和筹资活动的全部事项。现金流量表却能够提供一定时期现金流入和流出的动态财务信息，表明企业在报告期内通过经营活动、投资活动和筹资活动获得多少现金，企业获得的这些现金又是如何运用的。补充资料（附注）中还提供了不涉及现金的投资和筹资活动方面的重要信息，有助于管理者更加全面地了解和分析企业的各项投资和筹资活动对企业经营成果和财务状况产生的影响，做出更为科学的投融资决策。

第二节 现金流量质量分析

在对企业的现金流量质量进行分析时，不能仅仅关注现金流量的变化结果，更不能只根据各类活动产生现金流量净额的正负符号直接得出结论，而是应该针对各类活动的现金流量变化过程分别展开分析。由于经营活动、投资活动和筹资活动在企业的资金周转过程中发挥不同的作用，体现不同的质量特征，因此，各项活动现金流量质量分析的侧重点也应有所不同。此外，不同的分析主体出于不同的分析目的，所关心的问题和分析的侧重点也会有所差异。

一、经营活动现金流量的质量分析

经营活动产生的现金流量是指在某一会计期间由企业自身的生产经营

活动所带来的现金流入量和现金流出量,它往往受到宏观经济环境、行业特征以及企业的结算方式、信用政策和竞争实力等因素的影响。企业通过经营活动产生现金净流量的能力常被视为企业自身的造血功能,一般情况下,企业都会主动谋求尽可能多的经营活动。现金净流量在其他因素相对稳定、购销业务较少出现巨幅波动的情况下,企业经营活动现金流量在不同年度间应保持一定的稳定性,否则可能存在人为操纵的情况。

(一)充足性分析

经营活动现金流量的充足性是指企业是否具有足够的经营活动现金流量来满足正常的运转和规模扩张的需要。现金流量状况是影响企业生存发展的关键因素,经营活动是企业经济活动的主体,也是企业获取持续资金来源的基本途径。通常,只有在企业的某些特殊发展阶段(如初创期或转型期)或者某些特殊的经济环境下(如金融危机时期),才允许企业产生负的经营活动现金净流量。在其他时期,如果企业的经营活动现金流量仍十分有限,那么一般会认为企业自身的造血功能不强,经营活动现金流量的质量自然也就不会太高。由此可见,充足性是经营活动现金流量的一大质量特征。当然,在企业经营周期超过一年的某些行业(如房地产行业),企业各个会计年度的现金流量的分布可能会出现与核心利润的分布有较大差异的情况。

从绝对量方面来说,企业经营活动现金流量的充足性主要表现为企业经营活动现金流量能够支持企业正常运营。显然,企业若想仅靠内部积累维持目前的生产经营能力,其经营活动现金流入量必须能够抵补当期的下列支出和费用:(1)本期经营活动的现金流出量(包括购买商品、接受劳务支付的现金,为职工支付的现金,支付的各项税费以及支付的其他经营活动现金等);(2)主要以固定资产折旧、无形资产和其他长期资产摊销额为表现形式的前期支付的需在当期和以后各期收回的长期资产支出。也就是说,企业经营活动现金流量净额不但要远远大于零,还要大于经营活动所获取的成果（即核心利润）。只有这样，经营活动现金流量才属正常且具有充足性，现有规模下的简单再生产才可能持续。

（二）合理性分析

经营活动现金流量的合理性是指企业经营活动现金流入是否顺畅，经营活动现金流出是否恰当，结构是否合理，经营活动现金流入量与流出量之间是否规模匹配、协调。

（1）经营活动现金流入的顺畅性分析。经营活动现金流入的主要项目是"销售商品、提供劳务收到的现金"，该项目的规模主要取决于企业营业收入的规模、所采取的信用政策和企业实际的回款状况等因素。可以通过利润表中的"营业收入"以及资产负表中的商业债权（"应收账款"和"应收票据"）、"预收款项"等项目的期初、期末余额的变化情况来分析和判断企业经营活动现金流入是否顺畅。当然，要考虑企业所处行业的结算特点、企业与经销商和客户之间的议价能力以及市场竞争状况等因素对其造成的不同影响。

（2）经营活动现金流出的恰当性分析。经营活动现金流出的主要项目一般是"购买商品、接受劳务支付的现金"，该项目的规模主要取决于企业营业成本的规模、采购规模、相应的采购政策和企业的实际付款状况等因素。可以通过利润表中的"营业成本"以及资产负债表中的商业债务（"应付账款"和"应付票据"）、"存货"、"预付款项"等项目的期初、期末余额的变化情况来分析和判断企业经营活动现金流出是否合理，有无过度支付行为。当然，也要考虑企业所处行业的结算特点、企业与供应商之间的议价能力以及市场竞争状况等因素对其造成的不同影响。

（3）经营活动现金流量结构的合理性分析。由于经营特点不同、管理方式不同，特定企业在年度之间以及不同企业之间在购买商品、接受劳务支付的现金，为职工支付的现金、支付的各项税费以及支付的其他经营活动现金等方面会有显著不同。例如，人工成本较高、外购原材料和燃料需求不高的企业，其购买商品、接受劳务支付的现金就会显著低于为职工支付的现金；反之，人工成本不高、外购原材料和燃料占生产成本比重较大的企业，其购买商品、接受劳务支付的现金就会显著高于为职工支付的现金。另外，在公司自身主要从事对外投资管理，而子公司的资金又由该公司提供时，支付其他与经营活动有关的现金则会成为经营活动现金流出量的主体。

在现金流入量方面也同样存在合理性问题。在企业以产品经营为主，且主营业务的市场竞争力较强的情况下，其销售商品、提供劳务收到的现金就会成为经营活动现金流入量的主体。在企业以对外投资管理为主的情况下，其销售商品、提供劳务收到的现金一般不会有太大的规模。

（4）经营活动现金流入和现金流出的匹配性分析。为尽量避免现金闲置或现金紧张局面发生，采取有效措施实现现金流入与流出的同步协调也是极其必要的。实现现金流入与流出的同步协调，要求企业设计和采用恰当的信用政策，合理地安排供货支出和其他现金支出，有效地组织销售回款和其他现金流入，使经营活动现金流入和流出在规模和时间上尽量相互匹配、同步协调，这样才能最大限度地提高现金的利用效率，同时减轻企业在现金周转方面的压力。

（5）经营活动现金流量的年内分布均衡性以及关联方交易的影响程度分析。上市公司经常采用关联方往来款项的方式来虚增当期的经营活动现金流量，为此，应结合有关披露信息，了解关联交易的发生时间和交易规模，分析企业经营活动现金流量的年内分布均衡性，判断关联方交易对企业现金流量的影响程度，特别应关注企业是否存在与关联方进行期末大额款项往来等情况。此外，企业如果存在巨额的"支付其他与经营活动有关的现金"，一定要仔细查看附注。除了正常的对各项费用的支付以外，是否存在向关联方提供资金的情况。如果是向子公司提供资金，本质上应属于投资活动产生的现金流量；如果是向自己的母公司和兄弟公司提供资金，则属于关联方占用资金。但是，无论如何都不属于企业的正常经营活动范畴。

（三）稳定性分析

经营活动现金流量的稳定性是指企业各会计期间的经营活动现金流量规模是否存在剧烈波动状况，内部构成是否基本符合所处行业的特征，以及是否存在异常变化情况。稳定是一家企业的持续经营并得以发展的前提，经营活动现金流量主要来自企业自身开展的经营活动。主营业务突出、收入稳定是公司运营良好的重要标志，持续平稳的现金流量则是企业正常运营和规避风险的重要保证。

如果一家企业的经营活动现金流入结构比较合理（即企业销售商品、提供劳务收到的现金明显高于其他经营活动流入的现金），且稳定程度较高，一般情况下，这样的企业较容易进行现金预算管理，可以避免出现现金闲置或现金紧张状况，从而保持现金的顺畅周转状态，提高资金使用效率，这样的经营活动现金流量的质量较好。反之，如果一家企业经营活动现金流量的规模和结构经常出现明显波动，则说明企业主营业务的获现能力可能存在很大的不确定性，经营风险较大，这会增加企业现金预算管理的难度，增大企业现金短缺或闲置的可能性，这样的经营活动现金流量的质量就较差。如果某时期企业的经营活动现金流量出现异常，很可能另有隐情，必须引起足够的重视。如果维持运行和支撑发展的大部分资金由非核心业务活动提供，企业缺少稳定可靠的核心业务的经营现金流量来源，经营活动现金流量的质量就更差，这说明企业的核心竞争力较差或者主营业务的获现能力较差，财务基础较薄弱。企业若想维持正常经营，只能借助筹资活动来应对现金短缺的风险。

二、投资活动现金流量的质量分析

与经营活动现金流量的特点不同，大部分投资的出售变现或者收益获取通常具有一定的滞后性，即本期投资引发的现金流出也许在当期并不能带来相应的回报。因此，各期投资活动现金流入量和投资活动现金流出量之间并不存在直接的对应关系，考察两者的匹配性和协调性一般是没有意义的。正确的做法是，对投资活动现金流入量和流出量分别进行质量分析。对投资活动现金流量进行质量分析，应主要关注投资活动现金流量的战略吻合性和现金流入量的营利性。

（一）投资活动现金流量的战略吻合性分析

从投资活动的目的来分析，企业的投资活动主要有三个目的：第一，为企业正常生产经营活动奠定基础，如购建固定资产、无形资产和其他长期资产等；第二，为企业对外扩张和其他发展性目的进行权益性投资和债权性投资；第三，利用企业暂时不用的闲置货币资金进行短期投资，以求获得较高的投资收益。其中，前两类活动将为企业未来的发展奠定基础，应该体现企业长期发展战略的要求。因此，企业投资活动的现金流量应与企业发展战略相吻合。这种现金流量的战略性是企业投资活动所具备的基本质量特征。

（1）对内扩张或调整的战略吻合性分析。正如企业对经营性资产的结构安排体现了企业经营活动发展的战略要求，通过投资活动现金流出量中"购建固定资产、无形资产和其他长期资产支付的现金"与现金流入量中"处置固定资产、无形资产和其他长期资产收回的现金净额"之间的规模比较，也可以体现企业经营活动发展的战略要求。

若两者均具有较大规模，即"大进大出"，通常表明企业正处在长期经营性资产的大规模置换与优化阶段，这也许是企业战略转型的要求，也许是资产更新换代的要求，往往意味着企业技术装备水平的改善，产品适应市场能力的提高，企业核心竞争力有可能会因此有所增强。当然，这种转型或调整的实施效果如何，还要通过以后期间的核心利润和经营活动现金流量的表现来检验。

若前者远大于后者，通常表明企业在原有生产经营规模的基础上，试图通过对内扩张战略来进一步提升市场占有率和夯实主业的竞争力。在原有资产结构中经营性资产占主要地位的情况下，这种对内扩张态势在一定程度上表明了企业坚持经营主导型战略的信心和决心。

若前者明显小于后者，通常表明企业收缩主业经营战线和规模的战略意图，当然也有可能是企业在资金紧张或者市场前景暗淡情况下的一种被动选择。这种收缩行为的经济后果需要结合市场环境（如产品生命周期、竞争态势）、宏观经济环境以及对外投资的战略安排等因素做出具体分析。

（2）对外扩张或调整的战略吻合性分析。对外长期股权投资尤其是控制性投资这种对外扩张形式的持续拉动效应显现为，能够使企业以较少的资源撬动较多的其他企业的资产。因此，投资活动现金流出量的规模和结构分布可以揭示企业的战略信息。而通过投资活动现金流出量中"投资支付的现金"与现金流入量中"收回投资收到的现金"之间的规模比较，可以反映企业对外投资发展战略的实施和调整情况。

若两者均具有较大规模，且彼此规模相当（即"大进大出"），通常表明企业正处在对外投资的结构性调整（至少是投资品种调整）阶段，应密切关注这种投资战略调整对企业未来盈利能力和未来现金流量的影响。

若前者远大于后者，通常表明当期企业的对外投资呈现总体扩张的态势，应关注企业新的投资方向是否会对企业行业竞争力的提升或者经营风险的进一步分散做出积极贡献。当然，这最终会体现在给企业未来盈利能力和未来现金流量带来的影响上。

若前者明显小于后者，通常表明当期企业的对外投资呈现总体收缩的态势。一方面应关注所收回投资的营利性，另一方面应关注这种收缩的真正意图，是在主动处置不良资产（主要指效益不好或发展前景暗淡的投资对象），还是企业在资金紧张等情况下的一种被动选择。当然，还要分析这种投资战线的收缩对企业未来盈利能力和未来现金流量的影响。

（3）对内对外投资相互转移的战略吻合性分析。在有些情况下，企业可能会在对内投资和对外投资之间进行某种战略调整，要么在大规模处置固定资产、无形资产和其他长期资产的同时大规模进行投资支付，要么在大规模收回投资的同时大规模购建固定资产、无形资产和其他长期资产。这些情况的出现往往意味着企业对经营主导型与投资主导型等战略进行调整，以实现盈利模式的转变。分析时应结合行业市场环境和宏观经济环境等因素来判断其对企业未来发展的影响。

（二）投资活动现金流入量的营利性分析

投资意味着发展，投资活动的最终目的当然是获取盈利。因此，营利性（即效益）是企业投资活动所具备的另一基本质量特征。简单地说，对于"购建固定资产、无形资产和其他长期资产支付的现金"，要关注持续增加的固定资产对本企业营业收入与核心利润（效益）的贡献，关注在建工程规模的变化与固定资产规模的变化之间的关系。在建工程不一定能立即完工转换成固定资产，固定资产马上转换成可实际利用的产能，但是从在建工程到固定资产、从形成固定资产到产生效益的时间不能太久。在建工程规模过大、转化成固定资产的时间过长、短时间内企业固定资产原值增长过快，都可能使企业近期的财务效益下降。对于对外投资尤其是控制性投资支付的现金，要特别关注合并报表中"购建固定资产、无形资产和其他长期资产支付的现金"与合并资产负债表中"在建工程""固定资产"的规模以及"营业收入"和核心利润之间的关联度。

企业投资活动引起现金流入主要有两个原因：一是收回投资成本或残值（包括对外投资本金和处置固定资产、无形资产和其他长期资产的变现价值）；二是取得投资收益收到的现金。对于收回投资成本的情况，应重点进行变现价值与投资初始成本的比较，可通过分析报表附注投资收益的明细项目中处置各类投资取得的投资收益情况以及营业外收入或营业外支出的明细项目，来考察收回投资成本过程中所体现的营利性。而对于取得投资收益收到的现金,应主要通过对比投资收益附注中"成本法、权益法核算的长期股权投资收益"和现金流量表中"取得投资收益收到的现金",来分析投资收益的现金获取能力。

三、筹资活动现金流量的质量分析

筹资活动引起的现金流量可以维持企业经营活动、投资活动的正常运转。因此,筹资活动现金流量在总体上应该与企业经营活动现金流量、投资活动现金流量周转的状况相适应。在满足企业经营活动和投资活动现金需求的同时,尽量降低融资成本,避免不良融资行为。

（一）适应性分析

筹资活动现金流量与经营活动和投资活动现金流量周转状况的适应性,是指在企业经营活动和投资活动现金流量净额之和小于零、企业又没有足够的现金可以动用时,筹资活动应该及时、足额地筹集到相应数量的现金,以满足上述两类活动的资金需求;而在经营活动和投资活动现金流量之和大于零、需要降低现金闲置余额时,筹资活动应适时地调整筹资规模和速度,并积极归还借款本金,在消耗上述两类活动积累的现金的同时,降低资本成本,提高企业的经济效益。另外,债务融资到期时,在没有足够的自有资金积累的情况下,企业应有能力适时举借新的债务或者通过其他渠道筹集到资金,以保证到期债务如期偿还。因此,适应性应成为筹资活动现金流量的一大质量特征。

（二）多样性分析

企业筹资活动中需要考虑的一个主要问题是资本成本问题。目前,我国企业主要的筹资渠道及方式包括:吸收直接投资、发行股票和债券、银行借款、民间融资、融资租赁等。不同的筹资渠道及方式的成本和风险相差很大,要使资本成本降至较低水平,同时将财务风险保持在适当的范围内，企业必须根据自身实际情况，选择适合企业发展的渠道和方式，确定合理的筹资规模、期限和还款方式，实现筹资渠道和方式的多样化。因此，多样性是筹资活动现金流量的另一大质量特征。这里需要说明的是，从企业某一期间的现金流量表分析来看，筹资活动现金流量的多样性不可能体现得非常明显。因此，如果有必要，可以考虑将连续几个会计期间的现金流量表联系起来综合分析。

（三）融资行为的恰当性分析

融资行为的恰当性分析，是指考察企业是否存在超过实际需求的过度融资、是否存在企业资金被其他企业无效益占用（如筹资的当期出现合并报表的"其他应收款"大幅增长）等不良融资行为，进一步分析某种不良融资行为背后真正的融资动机。在筹资活动现金流量大于零的情况下，要着重分析企业的筹资活动是否已经纳入企业的发展规划，是否与企业未来的发展战略相一致。当然，更要判断这是企业管理层以扩大投资和经营活动为目标的主动筹资行为，还是企业因投资活动和经营活动的现金流出失控而被迫采取的筹资行为。

此外，对筹资活动现金流量的质量分析还包括对筹资成本（包括借款利息和现金股利）的现金支付状况、到期债务的偿还状况等方面的分析。

四、现金流量表附注中包含的企业现金流量质量信息

现金流量表附注一般包括：将净利润调节为经营活动现金流量、不涉及现金收支的重大投资和筹资活动，以及现金及现金等价物净变动情况。这三方面的内容都会在一定程度上涉及企业现金流量质量的某些方面的信息。

（一）将净利润调节为经营活动现金流量

将净利润调节为经营活动现金流量揭示的是采用间接法列示经营活动

现金流量净额。此法从净利润开始，通过对诸如固定资产折旧、无形资产摊销、公允价值变动损益以及经营性流动资产和流动负债等项目的调节，得到经营活动产生的现金流量净额。此项附注将有助于分析利润的含金量，即净利润与经营活动现金流量之间在数量上出现差异的具体原因。

（二）不涉及现金收支的重大投资和筹资活动

不涉及现金收支的重大投资和筹资活动，虽然不引起企业本期现金流量的变化，但可能会对企业今后各期的现金流量产生影响。因此，应对其中所包含的现金流量质量信息给予一定的关注，为预测企业今后各期的现金流量状况提供帮助。

（1）非现金的投资活动和筹资活动有可能意味着企业正面临现金流转困境。值得注意的是，虽然这种非现金的投资活动和筹资活动可以帮助企业暂时缓解当期现金紧张的压力，但很有可能会对企业未来的现金流量状况产生负面影响。例如，以固定资产偿还债务，可能是企业在没有足够的现金偿还到期债务的情况下的一种被动行为，一般会引起企业生产能力的降低，这会给企业未来的生产经营带来负面影响，进而对未来各期的现金流量产生负面影响。又如，以存货偿还债务会减少未来出售存货获取现金的机会，影响未来的现金流量。再如，债务转为股本是企业在当期出现现金支付困难的情况下的一种债务重组行为，虽然当期缓解了现金偿付压力，还有可能带来债务重组收益，但在企业经营状况出现好转迹象后，往往会带来公司治理的新问题（股权结构往往会随着债务重组而变化）以及股利支付规模的扩大，它们同样会对企业未来的现金流量产生负面影响。至于企业是否真的存在现金流转困难，还应结合现金存量、现金需求以及其他财务指标加以综合分析与考察。

（2）非现金的投资活动和筹资活动还可能意味着企业财务管理水平的提高。企业努力提高现有资源的利用效率、拓宽融资途径，一般会对企业未来的现金流量产生正面影响。例如，企业利用固定资产、无形资产甚至存货项目对外投资,反映了企业在提高现有资源利用效率、优化资产结构或者处置不良资产等方面所采取的举措,这很有可能对企业未来的经营状况、盈利能力以及现金流量状况产生正面影响。又如,企业采用融资租赁方式租入固定资产,可避免当期因购置固定资产发生现金流出,同时会对企业经营能力的提升、未来现金流入量的增加起到积极的推动作用。

接受所有者非现金注资,往往意味着企业还需通过其他渠道筹集必要的现金以实现预期目标,因此,需要关注非现金入资对企业经营能力、融资能力、盈利能力等方面造成的影响,非现金入资对未来现金流量状况的影响可能存在不确定性。

(三)现金及现金等价物净变动情况

现金及现金等价物净变动情况分别反映了企业现金和现金等价物在当期的增减变动情况。虽然现金等价物属于广义的现金范畴,但其流动性要比现金差,因此,了解现金及现金等价物各自具体的变动情况仍有一定的意义。

第五章　企业价值提升路径

第一节　企业价值概述

企业的价值是该企业预期自由现金流量以其加权平均资本成本为贴现率折现的现值，它与企业的财务决策密切相关，体现了企业资金的时间价值、风险以及持续发展能力。扩大到管理学领域，企业价值可定义为企业遵循价值规律，通过以价值为核心的管理，使所有与企业利益相关者（包括股东、债权人、管理者、普通员工、政府等）均能获得满意回报的能力。

一、企业价值的衡量

从财务管理角度来看，企业价值具有多种不同的表现形式——账面价值、市场价值、评估价值、清算价值、拍卖价值等等。客观地讲，每一种价值形式都有其合理性与适用性。

1. 账面价值

采用账面价值对企业进行评价是指以会计的历史成本原则为计量依据，按照权责发生制的要求来确认企业价值。企业的财务报告可以提供相关的信息，其中，资产负债表最能集中反映公司在某一特定时点的价值状况，揭示企业所掌握的资源、所负担的负债及所有者在企业中的权益，因此，资产负债表上各项目的净值，即为公司的账面价值。并且，企业账面价值有时为适应不同需要，可以进行适当调整。比如，为确定普通股东的净值，对有发行在外优先股的股份有限公司，应将优先股的价值从净值总额中扣除，以确定属于普通股东的净值。该净值被发行在外的普通股数相除即可得出每股账面价值。再如，为稳健起见，在计算企业账面净值时，通常要剔除无形资产如商誉、专利权等，以及债券折价、开办费用和递延费用等，而其他一些项目，如存货估价准备，则可能要被加回。

账面价值可以直接根据企业的报表资料取得，具有客观性强、计算简单、资料易得等特点。但由于各企业间、同一个企业不同会计期间所采用的会计政策的不同，账面价值较易被企业管理当局所操纵，从而使不同企业之间、同一企业不同时期的账面价值缺乏可比性。例如，在通货膨胀时期，运用后进先出法存货计价的结果会使得当期费用高于采用先进先出法的情况，长期使用后进先出法，将使存货的价值低于采用先进先出法的企业；加速折旧法相对于直线折旧法在开始使用的年份，会更快地减少固定资产价值账面。因此，在运用账面价值时，必须密切关注企业的人为因素。一般说来，账面价值最适合于那些资产流动性较强且会计政策的采用准确的企业，比如说银行、保险公司等。

账面价值的另一局限是：来自财务报表的净值数据代表的是一种历史成本，它与企业创造未来收益的能力之间的相关性很小或者根本不相关，这与企业价值的内涵不相符合，而且，企业存续的时间越长，市场技术进步越快，这种不相关性就越突出。

2. 内涵价值

又称为投资价值、公平价值等，是指企业预期未来现金流收益以适当的折现率折现的现值。其价值大小取决于专业分析人士对未来经济景气程度的预期、企业生命周期阶段、现阶段的市场销售情况、企业正在蕴量的扩张计划或缩减计划、以及市场利率变动趋势等因素。由于大多数因素取决于专业人士的职业判断，所以，在使用时需要设定一些假设条件，比如现金流收益按比例增长或固定不变等等。一般投资者在对企业债券、股票等进行投资时，使用内涵价值作为决策依据。

3. 市场价值

是指企业出售所能够取得的价格。当企业在市场上出售时，其买卖价格即为该企业的市场价值。市场价值通常不等于账面价值，其价值大小取决于市场的供需状况，但从本质上看，市场价值亦是由内涵价值所决定。正如马克思学说中价格与价值的关系，市场价格由内涵价值决定，是内涵价值的表现形式，企业的市场价格围绕其内涵价值上下波动，完美的状况是市场价格等于内涵价值。但由于人们的主观因素或市场信息不完全等诸多因素的影响，企业的市场价值会偏离其内涵价值，这种偏离程度在不成熟市场上往往会非常之大。事实上，正是由于企业价值被低估的情形存在，才有了通过资本运作等手段来获取企业内涵价值与市场价格之间的价差的空间，因此，如何准确判断企业内涵价值便成为问题的关键。

4. 清算价值

是指企业由于破产清算或其他原因，要求在一定期限内将企业或资产变现，在企业清算日预期出售资产可收回的快速变现金额，即为该企业的清算价值。对于企业股东而言，清算价值在优先偿还债务后的剩余价值才是股东的清算价值。企业清算时，既可整体出售企业，也可拆零出售单项资产，采用的方式以变现速度快、收入高为原则。企业在清算倒闭时价值的性质及其计量与在持续经营中的企业价值截然不同，必须明确区别。

5. 重置价值

重置价值是指在市场上重新建立与之相同规模、技术水平、生产能力的企业需要花费的成本。首先，根据企业的各项资产特性，估算出各资产的重置必要成本，再扣除企业已经发生的各种损耗，从而得出企业的重置价值。其中，资产的各种损耗既包括资产的有形损耗，又包括资产的无形损耗。

在财务决策中，主要使用市场价值和内涵价值作为评判依据，因为只有这两种价值形式充分考虑了企业的未来收益能力、发展前景以及竞争优势。尤其是内涵价值，在重视现金流量的今天，也可以预期到的未来现金流量换算成今天的现值，既考虑了预测的前瞻性，又提供了可以具体操作的现金流量定价等式来衡量企业的价值。

二、企业价值的影响因素

企业价值与未来相联系，因此，未来增值能力、企业风险以及存续期是决定企业价值的三个基本因素。就财务管理而言，通过对这三个因素进行良好的预测与控制，即可达到企业价值最大化的目标。

1. 未来增值能力

企业价值最大化在某种意义上就是未来增值能力的最大化，因为只有企业的潜在收益或者说是未来现金流量达到最大化，管理当局才有可能充分地满足所有股东、债权人对企业收益的索偿要求。

2. 企业风险

从收益的角度考虑企业价值，未来增值能力是主要因素。但如果对于收益能力与资产规模相当的企业价值比较，我们还必须关注企业风险的大小。从计算技术上讲，折现率的选择就是企业风险大小的评价。一般来说，折现率反映了投资者对企业经营收益的最低要求，是企业选择投资项目的重要标准。在其他条件不变时，折现率越低，企业价值就越高，反之亦然。各种资本融资渠道、期限不同，其折现率不尽相同，通过各种资本所占比重我们可以计算得到企业的综合资本成本，也就是企业的加权平均资本成本。

3. 企业存续期

在企业估价技术中，企业存续期是一个纯技术性的决定因素，目前通常采用分段方式来确定企业存续期。拥有无限存续期的企业，提醒评估者将眼光投向未来的现金流转，同时，也使人们不再局限于一期或几期现金流量的增减。因为只要企业在整个存续期内有一个理想的现金流量，企业的价值就可以满足企业所有索偿权持有人的需求。

4. 其他影响因素

在现实的企业评估中，除上述基本财务影响因素外，往往存在纯技术评估方法难以考虑的非财务因素，影响着企业的价值。几个主要的非财务因素是：

（1）整体经济和金融环境。在繁荣的经济和金融环境中，企业价值往往会随市场看涨的影响而有所提高，这并不是企业自身努力的结果。同样，当经济不景气、金融困难重重时，投资者往往会削减其在股票上的投资，企业价值随之下跌。

（2）该企业所在行业的前景。当企业所经营的主要项目是一个朝阳产业时，投资者预期其将来的市场占有、盈利前景、优惠政策的享受都有优势，投资活动比较踊跃，企业价值因此也会相应得到抬升。反之，市场则会相对低估某些夕阳产业的企业价值。

（3）股东分布和投票权。同样未来收益预期的企业可能因为其股东和投票权的分布不同，而产生不同的企业价值，因为，当一家企业存在可以左右其决策的大股东时，其他小股东的股票则因其投票权没有实际意义而相应贬值，加之没有企业愿为控制该企业而出高价公开收购，投资者投资热情下降，其市场价值就会相应降低。

（4）企业重要领导人事变动。企业领导人事的变动，对企业的价值会带来明显的冲击。投资者会因为不了解新领导的能力、政策、信用情况，而谨慎选择该企业股票或对该企业进行投资和发放贷款,导致企业价格的波动。

三、企业价值的驱动因素

在关键价值因素公式中,扣除调整税后营业净利润、存续时间、投入资本回报率、加权平均资本成本是决定自由现金流,也就是企业价值的综合因素。因此,可以把企业价值的驱动因素归纳成四个方面:投入资本回报率、加权平均资本成本、增长率和存续期。

投入资本回报率是净利润与投入资本的比率,这一比率越大,则说明在相等的投入资本量下,获得的自由现金流越多,而自由现金流是企业经营管理活动的起点和终点。自由现金流量是在满足全部净现值为正的项目之后的剩余现金流量,所谓"自由"是指这部分现金是可以真实地对企业所有索偿权人进行支付,在不影响企业持续经营需要的情况下,企业经营者可以将其自由地分派给企业的所有索偿权持有人,包括短期、长期债权人以及股权持有人等。因此,在其他条件不变的情况下,投入资本回报率越大,则企业价值越大。

加权平均资本成本是构成企业资本结构各项目如股份、企业债及其他长期负债要求回报率加总后的加权平均,它所反映的是企业所有投资者预期的未来自由现金流转换为现值的折现率,或称金钱的时间价值。由于自由现金流是可以支付给所有企业索偿权持有者的现金,所以,资本成本包括所有的融资来源如股权和长期负债等,这就必须是加权平均资本成本。加权平均资本成本还可以看作是货币的风险折现和时间折现,因此,可以通过折现率将预期现金流量转换成现值。在其他条件不变的情况下,加权平均资本成本越小,则企业价值越大。

增长率是企业净利润和自由现金流增长的速度,由于货币具有时间价值,增长越快表明得到同等金额货币的时间越早,价值也就越高,因此,增长率也可以理解为未来现金流以速度形式表达的折现率。在其他条件不变的情况下，增长率越大，则企业价值越大。

企业增长和获得自由现金流的存续期是获取和积累自由现金流，也是摊薄加权平均资本成本的前提条件，没有一定时间的存续，便无法实现企业价值。通常采用分段式的方法来确定企业存续期，而无限的存续期表示未来现金流的重要性。只要企业在整个存续期内拥有理想的自由现金流，企业价值就可以折现。在其他条件不变的情况下，企业存续期越长，则企业价值越大。

以上四个主要的企业价值驱动因素，可以将创造和增加企业价值的经营管理分为提高销售增长率、提高经营利润、降低有效税率、降低投资支出／销售收入比率、降低加权平均资本成本和延长获取超额收益的存续期间等方面。其中，提高利润、降低投资支出／销售收入比率、延长获取超额收益的存续期间通常与企业的经营战略、竞争战略有关；降低税收、降低资本加权平均成本通常与企业的财务战略有关；而提高销售增长率，特别是企业可持续增长率是经营战略、竞争战略、财务战略共同作用的结果。

第二节　企业价值提升与价值最大化

一、企业价值提升

（一）企业价值提升的含义

企业价值最大化强调的是企业的获利能力。企业的获利能力受很多因素的影响，是企业内部软、硬件条件以及外部政治、经济、技术、法律、文化等诸多因素共同作用和影响的结果。企业价值提升，就是要找出影响企业价值的因素，分析这些因素对企业价值的影响方式及影响程度，并通过对这些核心影响因素的调整与改变，达到提高企业的价值，实现企业价值最大化的目的。

(二) 企业价值提升的基本思想

提升企业价值需要建立一套以价值为核心的管理体系，把企业价值理念贯穿到企业管理的全过程。以价值为核心的管理，或称价值管理，要求企业以价值为基础制定战略和日常经营决策。这种管理方法运用得好，可以把企业的长期发展目标和管理过程有效结合在一起，着眼于影响价值的主要因素制定决策，实现企业价值的最大化。

企业实行价值管理，首先要制定以增加企业价值为目标的战略。企业战略实质上是市场竞争的产物。企业制定战略，目的是建立明显的竞争优势，在国内外市场的竞争中获胜。只有企业在市场中的竞争地位上升，企业价值的实现和增加才有可靠保证。在战略制定过程中，管理人员通常会提出不同战略方案。价值管理则要求对不同的战略进行评估，选择实施可以获得最大价值的战略。

企业价值的提升，不仅取决于企业的内部管理，还与企业所处外部经营环境中各有关利益集团密切相关。这些利益集团包括企业的客户、供货商、债权人和政府。企业要生存和发展，必须为这些利益集团创造价值。企业为客户提供的价值是他们所需要的产品和服务，为供货商提供的是投入要素的购买价格，为债权人提供的是债务利息，为政府提供的是税款。因此，如何为这些利益集团创造更多价值也是企业价值管理必须考虑的问题。

二、企业价值最大化

(一) 企业价值最大化的内涵

企业价值最大化，是指通过企业合法经营，在充分考虑资金的时间价值和风险与报酬的关系，在保证企业长期稳定发展的基础上，使企业总价

第五章 企业价值提升路径

值达到最大，进而使股东财富达到最大化。

1. 企业价值最大化是企业宗旨的体现

企业是以营利为目的的经济组织，其生产经营活动的出发点和归宿是盈利。投资者（股东）将资金投入一家企业，是预期该企业可为其带来投资收益，分享企业创造的价值。按照现代企业契约理论，所有者权益契约可定义为一种委托—代理关系，管理团队的成员是代理人，股东是委托人。因为股东拥有并控制企业，所以，企业的管理团队应为增加股东的利益而服务。因此，企业的宗旨是为股东创造价值，应力求通过经营管理提高企业现有价值，以使股东财富最大化。

2. 实现企业价值最大化是企业的最终目标

企业从成立的那一天起，就面临着竞争，并始终处于生存和死亡（或倒闭）、发展和衰退的矛盾之中。企业只有生存下去才有可能获利，只有获利才能发展，只有不断发展才能求得生存，才能谈及实现企业价值最大化。因此，我们可以把企业的目标概括为生存、获利、发展，最终实现企业价值最大化。

（1）生存

企业要想在市场这块"土壤"上生存下去，需要具备两个基本条件：一是以收抵支。企业要想在市场上取得所需的各种资源，必须支付一定数量的资金，要想从市场上换回资金，必须提供一定数量市场需要的商品和劳务。企业为了维持其简单再生产，从市场上获得的资金量至少要等于付出的资金量，否则，企业将没有足够的资金从市场取得所需的各种资源，从而无法维持其简单再生产。生产规模的不断萎缩，必然要导致企业终止。因此，以收抵支是企业生存最基本的条件。二是偿还到期债务。企业为扩大业务规模或满足经营周转的临时需要，可以向其他个人或法人借债。国家为维护市场秩序，特别是金融秩序，通过立法规定，债务人必须"偿还到期债务"，必要时"破产偿债"。企业如果发生财务困难，即不能偿还到期债务，就可能被债权人接管或被法院依法宣告破产。可见，企业收不抵支即长期亏损和不能偿还到期债务是企业生存的主要威胁。因此，力求企业经营保持以收抵支、偿还到期债务的能力，减少与分化企业破产风险，使企业能够长期、稳定地生存下去是企业管理的主要任务之一，也是企业管理目标对财务管理提出的第一个要求。

（2）获利

企业只有获利才有存在的价值。不可否认，建立企业应该把增加就业机会，增加职工收入，改善劳动条件与社会环境，繁荣市场以及提高产品质量等作为管理目标。但是，获利才是企业最具综合力的目标，也是企业实现其他目标的基础。获利即盈余，是收入抵补支出后的余额，是使资产获得超过其投资的回报。因此，合理有效地分配使用人力、物力和财力资源，以最大限度地获利是企业管理的又一主要任务，是企业管理目标对财务管理提出的第二个要求。

（3）发展

在知识经济时代，市场竞争日益激烈，市场需求结构、消费观念以及对产品和服务的质量要求等都发生了很大变化。企业如果跟不上市场变化步伐，不能提高产品和服务的质量，不能扩大市场占有率，其发展将处于停滞状态，停滞就意味着企业将被淘汰。企业要发展，就必然要不断地增加投入，而投入的增加需要有足够的资金予以支持。因此，企业能筹集到足够的用于自我发展所需的资金是企业管理目标对财务管理提出的第三个要求。

（4）实现企业价值最大化

生存、获利与发展是企业管理的一般性目标和最基本的战术性要求，企业价值最大化是企业管理的总体目标和较深层次的战略性要求。企业价值最大化是企业资金所有者权益最大、企业劳动所有者权益最大和企业所负社会责任兑现率最大的最佳组合。其中，资金所有者包括自有资金所有者和债权人；企业劳动所有者包括企业管理者和一般工人；企业所负社会责任包括企业要为劳动者（雇员）提供住房、医疗、教育和其他福利方面所负的责任。

（二）企业价值最大化目标的现实意义

现代企业理论认为，企业是多边契约关系的总和，股东、债权人，经理阶层、一般员工等缺一不可。各方都有各自的利益，共同参与构成企业的利益制衡机制。企业目标应与企业多个利益集团有关，是这些利益集团相互作用、相互妥协的结果。在一定时期和一定环境下，某一集团的利益可能会占主导地位，但从企业长远发展来看，不能只强调某一集团的利益，而置其他集团利益于不顾。企业价值最大化这一目标具有与相关利益者的利益相一致、保证企业战略发展的长期性等特征，是现代企业发展的必然要求，是企业目标的最佳选择。同时，以企业价值最大化作为企业的目标，也体现了现代企业制度的要求。建立现代企业制度，要求企业在实现产权明晰的基础上，建立股东对经营者及债权人对企业的监督和约束机制，建立产权的归属主体，并使收益的享有权与所承担的风险和责任相对称。

（三）以企业价值最大化为财务管理目标的合理性

将企业价值最大化作为财务管理目标，是到目前为止财务理论中最为合理的理财目标函数，而且，企业价值最大化具备明确、清晰和易控制的一般特征。其合理性表现在以下几个方面。

1. 能均衡体现企业契约各方的利益

实现企业价值最大化目标，也就意味着把体现企业经营成果价值的蛋糕做大，蛋糕做大了，每个利益集团分得的份额才能得到保证。这样，通过价值最大化这一财务管理目标，就实现了现代企业多边契约关系各方利益的有效均衡和最优化。

2. 符合企业可持续发展的长远目标

以企业价值最大化为目标，要求企业在决策时必须综合考虑企业所承担的风险和长远利益，而不仅仅是股东当前利益的最大化，避免由此产生各利益方的利益冲突，保证企业稳定、持续地发展。因此，企业价值最大化符合企业可持续发展的长远目标。

3. 进行科学财务决策的理论基础和决策标准

企业价值最大化是进行科学合理的财务决策的理论基础和决策标准，它反映了企业未来获取现金流量的能力及面临风险的大小。而且，企业价值最大化的实现是一个连续的过程，而不是一个既定的结果，它将理财行为与企业的持续发展紧密地联系在一起。

4. 判断企业效率的标准

企业价值最大化是判断企业效率的最佳标准。这是因为，只有企业价值这一概念能够包容市场化、风险、可持续发展等要素特征，能够在一个较完整的范围内极其明确地对企业效率进行考察和判断。而且，在管理者眼中，企业效率应当体现在企业价值最大化上，这也符合企业的总体目标。

（四）利润最大化不能代替价值最大化

在企业资金提供者中，一部分人是风险的规避者，只愿意承担投资决策的有限风险，所以只做债权人获得固定的债息；而另一部分人不仅愿意承担投资的风险，还敢于承担企业的经营风险，因而成为股东并获得企业的最终剩余——利润。利润和价值都是投资人利益回报的衡量与体现，但两者存在着明显区别。

首先，从时间跨度上讲，企业价值比利润指标更能全面地反映企业的经营状况。利润指标只是企业某一时段绩效的反映，并不能全面反映企业的经营状况。而且，对企业利润的片面强调，往往会增加企业经营者"竭泽而渔"的短期行为，不利于企业的长远发展。

其次，企业价值可以反映不确定情况下企业的经营状况。在确定的情况下，企业利润的最大化与企业价值的最大化基本上是一致的；但在企业生存环境不确定的情况下，企业利润只能反映企业在某个时段的经营情况，而不能对未来不确定的经营做出很好的说明。实际上，由于人们的需求变化、技术进步等原因，企业经营环境往往会发生很大的变化，再加上企业千差万别，同一行业企业的盈利状况也参差不齐，所有这些不确定性都无法通过利润指标来反映。评估企业的价值却能通过对未来现金流量的折现来反映这种不确定性。

最后，企业价值比利润指标能更好地反映人们对企业及企业所处行业增长状况的预期。企业的利润仅仅反映了企业某一时段销售额与总成本之间的差额，而对于企业销售收益和利润增长情况却没有涉及，对企业当年的盈利与未来几年的获利能力内在的必然联系也没有论述，人们不可能从企业某几年的盈利情况推算出企业未来的获利水平。在企业价值评估框架中，我们可以发现，企业价值在一定的情况下相当于每年经营收入与平均资本成本和增长速度之差的比率。企业的增长速度越高，企业的价值越大，这符合人们的一般认识。在同等情况下，处于发展前景广阔的朝阳产业的企业肯定比属于没落产业的企业具有更高的价值；增长和扩展势头迅猛的企业总是比发展缓慢的企业具有较高的价值，而企业的利润指标却不能反映企业的增长情况。

总而言之，与利润最大化相比，价值最大化不仅是企业经营状况的全面反映，而且是企业利益相关者利益的最佳体现。从狭义的角度来讲，企业是债权人和股东的企业，他们为企业提供营运资本，并作为一个整体获得企业的剩余收益，企业的价值是他们剩余索偿权的最佳体现；从广义的角度来看，企业应该是所有利益相关者的企业，企业价值同样和他们的利益息息相关。

（五）规模最大化不能代替价值最大化

虽然价值最大化作为企业追求的最终目标，正日益得到社会的认同，然而在现实操作中，企业的经营者依然会受到各种因素的干扰，时常处于种种矛盾冲突之中。其中，对企业规模的盲目追求是世界各国企业管理中一个带有普遍性的问题。

企业的规模巨大并非必然增强企业对环境的适应能力。虽然规模巨大能增加企业对环境的被动适应能力，但大规模企业对环境却有着较差的主动适应能力。在瞬息万变的商业环境中，企业对环境的主动适应能力比被动适应能力更为重要。毕竟，积极主动的竞争战略会比"坐以待毙"的消极战略具有更大的优势。在技术发展突飞猛进、环境变化日新月异的新经济时代，依靠扩大企业规模来增加企业价值的方法会面临更大的经营风险。

生产规模是由市场规模决定的，没有市场规模的扩大，生产规模的扩大必然造成产品的过剩。企业对规模的盲目追求往往会增加企业的固定资产投资。当生产能力过剩时，规模越大，"沉淀性"资产越多，企业转产的难度越大。特别是在固定资产和专用设备较多的行业，盲目地扩大规模会削弱企业对需求变化的适应性和灵活性，降低企业对环境变化的适应能力。而且，资源是有限的，现有资产的投资越多，用于企业未来增长的资源将会越少。如果企业盲目追求现有资产价值，不但会增加企业资产的流动性风险，而且会失去未来发展的机遇。一旦这种情况形成定式，企业未来增长的价值将会减少，整体价值将会降低。

因此，在新经济时代，企业对环境的适应性和灵活性成为企业价值创造的源泉，对这两种能力的培养是当代企业管理的主要方面。过去，谁赢得了市场，谁就获得了利润；现在，谁掌握了对市场的预测，谁就获得了财富，价值增长的方式已逐渐从产品交易向资本交易过渡。由于技术和产品市场变化速度的加快，企业的能力比现有资产更重要。只有反应灵敏的企业，才能在瞬息万变的市场环境中把握机遇。企业对环境的适应性和灵活性成为规模最大化所不能涵盖的主要内容。

第五章　企业价值提升路径

第三节　选择企业价值提升路径的基本思路

从衡量企业价值的角度来讲，企业价值是指它在未来各个时期产生的净现金流量的折现值之和。因此，决定企业价值的变量有三个：企业在未来的自由现金流量、加权平均资本成本以及企业的预期寿命长度。选择企业价值提升路径应从这三方面入手。

一、根据现金流量选择企业价值提升路径

首先，企业价值是由企业在未来各时期产生的自由现金流量构成的。企业收益索偿权持有人除了股权投资者以外，还包括债券持有者、优先股股东等。因此，企业现金流量是属于以上所有收益索偿权持有人所拥有的累计现金流量。即企业索偿权持有人＝股权投资者＋债券持有者＋优先股股东，而属于股权投资者的现金流量＝净收益－折旧－资本支出－营运资本变动数额－偿还本金＋发行新债－优先股股利，属于债券持有者的现金流量＝利息费用×（1－所得税税率）＋偿还本金－发行新债，属于优先股股东的现金流量＝优先股股利。企业必须能够满足以上各类索偿权持有人对企业现金流量的要求，因此，企业现金流量＝属于股权投资者的现金流量＋属于债券持有者的现金流量＋属于优先股股东的现金流量＝净收益－折旧－资本支出－营运资本变动数额－偿还本金＋发行新债－优先股股利＋利息费用×（1－所得税税率）＋偿还本金－发行新债＋优先股股利＝净收益－折旧－资本支出－营运资本变动数额＋利息费用×（1－所得税税率）＝来自营业活动的现金流量－资本支出－营运资本变动数额＋利息费用×（1－所得税税率）。

从一定意义上讲，提升企业价值取决于企业现金流量的提升。从以上的计算公式中不难看出，选择提升企业现金流量路径时，需要考虑以下因素：

（一）考虑来自营业活动的现金流量

增加来自营业活动的现金流量是提升企业现金流量的关键，来自营业活动的现金流量主要是指出售商品和提供劳务所取得的现金收入。因此，增加生产、扩大销售是提升企业价值的根本出路。

（二）考虑资本支出状况

股权资本投资者不可能将来自营业活动的全部现金流量完全提取出来（比如以股利的形式完全分掉），通常要将其中一部分留归企业进行再投资，从而增加新的资产，为企业未来现金流量的进一步提升创造条件。一般情况下，高增长企业需要较多的资本支出。现代西方国家，在固定增长情况下，可以视折旧与资本支出是相等的，从而简化折现现金流量模型。较多的资本支出应当能够带来以后各期现金流量较大程度的增加，而这又取决于资本投资效益。

（三）考虑营运资本变动状况

这里的营运资本是指流动资产与流动负债之间的差额。营运资本增加意味着现金流出，营运资本减少意味着现金流入。在其他各种因素不变的情况下，过多的营运资本占用意味着企业价值的降低。

（四）考虑利息费用

这实际上是企业的负债规模问题。比较无负债企业而言，有负债企业必须创造更多的现金流入用以支付利息和偿还债务本金，从而维持企业必要的流动性。但由于企业现金流量的计算是在负债费用支付以前，财务杠杆不影响企业的现金流量。财务杠杆对企业价值的影响是通过加权平均资本成本来实现的。

二、根据加权平均资本成本选择企业价值提升路径

从技术上讲,折现率的选择必须考虑现金流量的性质。企业价值是针对所有企业收益索偿权持有人的价值,因而,现金流量也是可以支付给所有企业收益索偿权持有人的现金流量。所以,折现率即资本成本的确定也必须包容所有的融资来源,如股权融资来源、负债融资来源等。不难理解,这样的资本成本即是所谓的加权平均资本成本。

加权平均资本成本是企业经营收益的最低水准,是企业选择投资项目的重要标准。从企业价值评估的角度而言,加权平均资本成本越低,企业价值越高。提升企业价值,要求企业选择合理的资本结构和低成本融资方式,从而降低企业资本的成本。

加权平均资本成本的高低取决于所有企业收益索偿权持有人对企业收益及其风险的度量和权衡。普通股东投资所要求的报酬与企业的资本结构——负债比率成正相关,负债比率越高,普通股东的要求报酬率即其资本成本也就越高。按照夏普教授的资本资产定价模型,普通股东的要求报酬率取决于市场平均报酬率、无风险报酬以及 β 系数三个因素。而 β 系数所度量的正是某种股票相对于整个股票市场变动的风险程度的大小。

风险正是通过资本成本影响企业价值的。一个很值得关注的事实是,在我国经济实践中,由于诸多因素的影响,资本成本与风险的正相关关系并不是一个普遍存在的客观事实,换言之,高风险未必与高资本成本相联系,而这绝非正常现象。

三、根据存续期选择企业价值提升路径

企业价值是一个长期概念,它包含了企业未来发展寿命期内的全部信

息。企业在未来的发展前景良好，能够不断发展下去，其价值就有较大的提升潜力。显然，任何有可能缩短企业寿命的因素都会导致企业价值的减少。企业管理人员在经营管理中的短期行为会缩短企业寿命。如果企业经理追求短期经营绩效，他会通过超负荷使用机器设备，减少产品研制与开发和设备更新改造的投资，或提高产品价格来增加短期利润。这种做法是以损害企业的长远发展为代价的，会对企业价值产生不利影响。同样，企业大幅度提高职工收入水平，会导致产品成本上升，使企业产品在市场中失去竞争优势，从而影响企业的长远发展。因此，强调企业价值，必须杜绝企业经营管理中的短期行为。只有在市场竞争中保持长期健康发展的企业才是真正有价值的企业。

在企业价值评估技术中，企业存续期是一个纯粹技术性的、但又是一个难度极大的决定因素，通常采用分段的方式来确定企业存续期。无限的存续期提醒着人们将眼光投向未来的现金流转，同时，也使人们不再局限于一期或几期现金流量的增加或减少。因为，只要企业在整个存续期内拥有一个理想的现金流量，企业的价值就可以满足所有企业收益索偿权持有人的需求，企业的存在就是有效率的。

总之，企业价值提升和价值最大化要求管理者及其受益各方力争增加企业各期的现金流量，降低加权平均资本成本，并尽量延长企业经营存续期。做到了这一点，企业的微观价值和宏观价值就都可以实现。其中最关键的是增加现金流量，根据前面的分析，在企业内、外部，存在着诸多因素影响着企业未来现金流量的创造，即影响着企业的价值提升。因此，应该在充分考虑这些因素的基础上选择提升企业价值的路径。

第四节　针对外部因素的企业价值提升路径

企业价值是由企业内、外部诸多因素共同影响的结果。选择企业价值提升路径时，应将企业价值作为起点和最终归宿，即以企业价值作为衡量标准，对各因素进行分析，确定企业应如何针对各因素选择相应的路径，以提升企业价值。

影响企业价值的外部因素分为宏观外部因素和微观外部因素两类。

一、针对宏观外部因素的企业价值提升路径

影响企业价值的宏观外部因素是指企业经营所面临的外部大环境，包括企业所面临的政治、经济、社会、文化、技术等因素。宏观外部因素的特征是它作用于市场上的所有企业，对同行业中的企业有着相同或相似的影响，并且，它不会因为个别企业的行为而改变。

因此，根据宏观外部因素的特征选择的企业价值提升路径应该体现两个基本点：第一，企业的行为要符合宏观外部因素的要求。因为，宏观外部因素是不以个别企业的意志为转移的，企业只能去适应它。第二，企业的行为要适应宏观外部因素的变化。外部因素虽然不受个别企业行为的影响，但它也绝不是一成不变的。比如宏观经济状况，虽然大萧条和大复苏已经很少出现，宏观经济在整体上趋于平稳，但仍有一定的兴衰起伏；人们的生活习惯也会随着新技术新产品的出现而改变，如手机对当今人们通信观念和通信方式的影响。企业应该密切关注和研究宏观外部因素，并尽可能预测其变化趋势，从而为更好地适应变化、把握机会提前采取相应的措施，更快地提升企业价值。

二、针对微观外部因素的企业价值提升路径

影响企业价值的微观外部因素是企业经营中需要直接面对的现有竞争者、潜在竞争者、供应商、客户和替代品供应商。与宏观外部因素不同，企业可以通过制定合适的策略改善微观外部环境，使其朝着有利于企业价值提升的方向发展。

（一）针对现有竞争者

竞争是市场经济发展的原动力，企业间的竞争是市场经济本质特征的体现。企业要依靠自身的优势来取得一定的利润，争夺市场份额，以求生存和发展，同行间的竞争不可避免。

企业针对现有竞争者制定价值提升策略时，应注意以下两点。

1. 针对不同的市场竞争结构制定不同的价值提升策略

不同市场结构中的企业与竞争对手的关系是不同的，对市场价格的影响能力也不相同，因此，企业首先应该对所处的市场结构有一个正确的分析和把握，并据此制定不同的价值提升策略。

2. 通过竞合达到共赢

由竞争走向竞合，形成双赢或多赢的局面，是处理与竞争者关系的最高境界。企业往往认为竞争对手的存在是一种威胁，对自己没有任何好处，因此，总是希望消灭对手，这是不现实、不理智的。首先，政府为保护消费者的利益以及社会福利不受损失，通过法律、经济、行政等手段，防止单一企业形成独占市场的局面。其次，当今的技术发达程度尚不能使一家甚至几家企业能够生产出数量足够大、品种足够多、成本足够低的产品来满足消费者的需求。每个企业必定要面对一定数量的竞争对手，与其不现实地想击败对方，倒不如主动选择相对稳定、相对有利的对手展开竞争合作。企业与一些好的竞争对手的合作是有利的：①有助于增加产业需求，

如竞争对手大量投入广告费用可以增加对整个产业的需求；②有利于改善产业结构，形成科学合理的物流系统；③有助于遏制潜在进入者进入市场开发，竞争对手在阻止其他进入者或增加企业竞争优势的持续性方面起着关键作用；④使企业更具活力。好的竞争对手就像一面镜子，能使企业不断认识到自身的弱点和不足，增强自身的危机感和紧迫感，在经营管理过程中努力避免出现各种疏漏，从而不断改善产品和服务，提高企业自身歧异化的能力，增强竞争优势。

竞争者之间的成功合作应做到以下三点：

第一，改变传统的竞争观念，树立合作竞争观念。和竞争对手死战到底只会破坏市场，并不会使企业价值得到提升。因此，在竞争时没有必要消灭竞争者，同样也不必为了合作而不考虑自身的利益，创造一个不能把握的市场。

第二，与竞争对手的合作应以诚信为本。与合作方保持良好的合作和信誉，将信誉看得比一时的利益更重要，珍视自己的信誉，就能提高合作水平，最终从合作中受益。

第三，与竞争对手合作需要制定双赢战略。

(二) 针对供应商

从价值链的角度来看，供应商在提供企业生产所需原材料的同时，也与企业存在着合作关系。对于生产型企业而言，供应商的优劣直接影响到产品的成本、质量和交货准时性。因此，管理好与供应商的关系，注重与供应商关系的维护、提升和优化，与供应商形成战略型伙伴关系，可以有效整合供应商的核心能力，这是企业形成新生产能力和竞争优势不竭的源泉。

1. 将供应商分类

在针对供应商制定企业价值提升策略前，应根据本企业业务对供应商和本企业的影响程度的不同，将供应商分为四种类型。

（1）伙伴型供应商

这指的是该供应商认为本企业的采购业务对他们来说非常重要，同时，该采购业务对本企业也很重要，供应商与企业双方都有合作的愿望和要求。

（2）优先型供应商

这指的是该供应商认为本企业的采购业务对其生存发展极为重要，但该采购业务对本企业来说却并不十分重要，这样的供应商显然对本企业非常有利，企业与这样的供应商合作可以掌握更多的主动权。

（3）重点型供应商

如果供应商认为本企业的采购业务对他们来说无关紧要，但该采购业务对本企业来说却是必不可少的，这样的供应商是需要本企业重点维护的，这类供应商可称为重点型供应商。

（4）普通型供应商

如果本企业的采购业务对供应商以及本企业来说都不是很重要，本企业可以在市场上很方便地选择到相应的供应商，这样的供应商称为普通型供应商。

2. 针对不同的供应商制定不同的策略

（1）低价策略

该策略适用于普通型供应商和优先型供应商。由于这两种类型供应商所提供的产品多为标准产品或企业对其产品质量、性能无特殊要求，产品来源广泛，对这两类供应商的策略：一是通过变小批分散采购为集中大宗采购或采用竞标的方式，尽可能地利用数量折扣和供应商之间的比价效应争取较低的价格和更好的服务；二是在向潜在供应商发送招标请求时，尽可能邀请生产厂家或一级代理商，尽量减少中间环节。

（2）伙伴关系策略

重点型供应商和伙伴型供应商毫无疑问对企业的影响最大，如果这两类企业还同时能提供高质量产品和及时的服务，则这两类供应商就应成为企业重要管理、维护的供应商。企业必须将主要精力放在这两类供应商身上，并对这两类供应商进行重点考评，力争建立起合作伙伴关系。

（三）针对客户

从价值链角度来看，客户是企业实现其价值的最终环节，企业是直接地或间接地通过客户购买其所提供的产品或服务来获得未来现金流量并创造企业价值的。因此，客户因素是影响企业价值提升的重要外部因素。

针对客户因素制定的企业价值提升策略主要有以下几种。

1. 让客户满意

客户可以选择继续作为企业的忠诚客户，也可以选择其他企业，特别是当市场竞争异常激烈时，客户的自主权就更大。客户继续选择企业的一个前提是满意企业提供的产品和服务。因此，企业要挽留住客户的心，首先要让客户满意。

2. 协助客户成功

对于商业客户、大客户，企业要用成功原则替代满意原则，就是不仅要让他们满意企业提供的产品和服务，更要协助他们成功。在为这些客户提供产品和服务的过程中，应主动考虑为客户的发展提供不断增值的服务，把客户的问题和困难当作自己的问题和困难，为他们提供相应的管理咨询、方案设计、战略合作等，使客户明白本企业是其成功的重要伙伴。

3. 扩大客户选择的自由

把选择的自由充分地留给客户，对提高客户的满意度有着重要的意义。

4. 与客户建立长期关系

企业在为大客户提供产品和服务的过程中，要注重与客户建立长期关系，这种关系可能是一种战略合作关系，包括消费信用、协助成功、多领域合作、危机支持等。与客户建立长期关系是企业留住客户的一个捷径。

第五节　针对内部因素的企业价值提升路径

外因是条件，内因是基础，企业价值的提升还需依靠其内部因素来起作用。虽然不存在对所有企业都适用的价值提升策略，不同的企业所面临的内、外部条件和环境不同，适合自身价值提升的策略也不同，但有几个共同原则却是每个企业在制定其价值提升策略时都应该遵守的。

一、战略是先导——规划价值提升的方向

（一）战略的概念

关于战略，美国哈佛商学院教授安德鲁斯（Andrews）认为，企业战略是一种决策模式，它决定并揭示了企业的目的和目标，提出实现目的的重大方针与计划，确定企业应该从事的经营业务，明确企业的经济类型与人文组织类型，以及决定企业应对员工、顾客和社会做出的经济与非经济的贡献。美国达梯莱斯学院管理学教授魁因（Quinn）认为，战略是一种模式或计划，它将一个组织的主要目的、政策与活动按照一定的顺序结合成一个紧密的整体。

对战略一词的定义还有很多，简单来说，一个企业的战略就是对该企业做什么、怎么做以及要达到的目标的规划。有所不为才能有所为。盲目发展新的业务，草率地跨行业拓展，成为很多企业失败的原因。能否增加企业价值是衡量与评价企业未来发展战略的唯一标准。

（二）制定为提升企业价值服务的发展战略

企业价值最大化是现代企业所追求的目标，价值创造与价值提升是企业价值实现过程中的两大活动。因此，应将企业价值作为企业战略制定的

依据和战略过程中始终考虑的要素,即实施企业战略价值化管理,具体方法如下。

1. 企业价值化战略制定

企业价值化战略是企业价值提升和价值最大化思想精髓的体现,价值化战略制定过程是对影响企业价值的内、外部因素分析和最大价值创造机会的选择过程。

(1) 影响企业价值的战略环境分析

战略环境分析使用传统的 PEST、SWOT 等分析方法,并专注于影响企业价值的因素,具体分析内容包括:①影响企业价值实现的外部因素,包括政治、经济、社会、文化、技术等因素对企业价值提升的影响;②影响企业价值的核心优势和核心竞争力,通过对影响企业价值的内部因素的分析,考察企业是否具备人才资源优势、技术资源优势、管理优势、产品质量和成本优势、原材料供应优势、企业品牌优势等,这些优势相应地形成产品竞争能力、技术开发能力、市场开拓能力等企业核心竞争能力。

(2) 企业所面临的战略机会评估

价值化战略管理方法以企业价值提升为企业战略管理的根本出发点,因此,企业战略的选择过程也就是企业价值评估的过程。它包括:企业现时市场价值评估、企业现时价值评估、考虑对企业进行内部改造后的潜在价值评估、考虑向外出售资产或企业对外收购后的价值评估、考虑同时进行内部改造、外部并购的潜在价值评估等。

(3) 最大化价值创造机会选择即价值化战略制定

在对各种战略机会的价值进行评估之后,按价值最大化选择所得出的战略,便是基于企业价值的战略,也即价值化战略。

2. 价值驱动因素、战略价值指标和目标确定

(1) 价值实现和价值提升的驱动因素确定

价值化战略追求企业价值最大化,要求企业的一切经营活动都围绕着

企业价值提升来进行，因此，不论是价值保障活动还是价值实现活动，都要寻找价值点，包括价值创造点和价值保障点，也就是要寻找企业的价值驱动因素。价值管理的一个重要部分是深刻理解哪些因素将实际驱动企业价值，而确定企业价值驱动因素就是要确定企业的哪些活动将影响价值实现和价值提升。

（2）企业战略价值指标体系确定

企业的价值驱动因素分为两类，一类是直接创造价值的驱动因素，可以用量化的指标表示，另一类是保障价值实现的驱动因素，因为其不能直接量化，所以可以用绩效指标来表示。因此，企业战略价值指标体系包括价值实现指标体系和价值保障指标体系。价值化战略管理方法按照层次分明的原则，将战略价值指标分为企业层次、价值规划部门、价值保障部门、价值实现部门等不同层次价值指标。

（3）企业战略价值目标确定

这里的企业价值化目标是指企业战略层面上的价值目标，即企业长期发展下的价值化目标。战略制定环节已经确定了战略目标和战略重点，因此，企业价值目标的确定即是对企业战略目标的量化描述和对非量化目标而言的一种绩效表达。

二、市场是生命——实现价值提升的场所

企业的价值最终要靠其产品或服务在市场上的销售来实现，因此，市场是企业的生命线，企业的一切工作都是为了培育、赢得和巩固市场，扩大市场份额。没有市场，其他就无从谈起。

以提升企业价值为目的的市场策略，需要考虑三方面的因素。

（一）考虑产品的因素

在市场战略方面，按照传统的经营观念，决策的出发点是企业资产和

组织管理能力因素，企业从其所拥有的资产和核心能力出发，用产品寻找合意的客户。

虽然这种以产品为中心的市场观念已经不符合日益激烈的竞争环境的要求，但并不等于我们可以不关注产品。对产品的关注至少体现了两层含义。

第一，产品来自市场需求，是充分市场调研的结果。

第二，产品上体现出企业的竞争策略：是成本领先，还是差异化？还是集中化？

（二）考虑竞争对手的因素

没有竞争对手的市场几乎是不存在的。考虑竞争对手的因素，在制定企业市场策略时，就应该做到以下几点。

1. 分析竞争对手

"知己知彼，百战不殆"。企业要想在日益激烈的市场竞争中求得生存和发展，就必须随时了解、分析竞争对手的情况，掌握市场竞争的动向，据此制定竞争性市场营销策略。对竞争对手的分析包括：确定竞争对手；确定竞争对手的目标；确定竞争对手的策略；分析竞争对手的能力；判断竞争对手的反应。

2. 划分竞争者的类型

在对本企业和竞争对手分析的基础上，可将在同一市场上的企业划分为四种类型。

（1）市场主导者：是指在相关产品的市场上占有最高份额的企业。

（2）市场挑战者：是指那些在市场上的地位紧随市场主导者之后并有可能对主导者的市场地位发出挑战的企业。

（3）市场跟随者：是指那些处于次要地位并尚未对市场主导者地位构成威胁的企业。

（4）市场利基者：是指那些市场上的小企业，它们只能专心关注市场上被大中企业所忽略的某些细微部分，以求在这些小市场上通过专业化经营来获取最大限度的收益，也就是在大企业的夹缝中求得生存发展的企业。

3. 针对竞争对手制定企业策略

竞争者的类型不同，所制定的策略也不同。

对于市场主导者，主要目标是维持自己的主导地位；对于市场挑战者和市场跟随者，可以采取两种策略：或向竞争者挑战，以争取市场主导地位，或安于次要地位，以求在"两安"状态下争取尽可能多的收益；对于市场利基者，主要是采取集聚化战略，争取某一细分市场。

（三）考虑客户的因素

随着信息技术的发展，全球经济一体化的竞争趋势日益明显，传统的经营观念受到了极大的挑战，取而代之的是新的"以客户为中心"的市场观念。以客户为中心的思想的突出特征是企业经营决策的起点是客户，企业根据客户的需求决定向客户提供产品的种类、数量和渠道，然后根据市场状况调整企业资源的分布和企业核心能力的培养方向，并在客户中树立企业良好的形象与品牌。

三、创新是源泉——发掘价值提升的机会

（一）创新的意义

美国经济学家熊彼特（Schumpeter）在其1912年著的《经济发展理论》一书中，首次使用了"创新"一词。他认为，创新就是建立一种新的生产函数，即把一种从来没有用过的关于生产要素和生产条件的新组合运用于生产中。这种新组合包括：引入新产品；引进新技术；开拓新市场；利用新的原材料来源；采用新的生产组织和管理方式，实现企业的组织更新；等等。

创新是对旧事物的否定，对新事物的探索。没有创新，经济就会处于

一种循环的均衡状态之中，只有创新才能打破这种均衡状态，使整个经济在"均衡—非均衡—新均衡"的过程中得到发展。因此，创新是现代企业充满活力的源泉，是企业获得竞争优势的基本驱动力，是企业发展战略的核心。

处于激烈竞争中的企业好比逆水行舟，不进则退。企业要生存和发展，要不断地创造价值和提升价值，不论是采用低成本还是标新立异的方式，都源于不断地研发和创新。企业只有不断创新，采用新的设计和新的生产工艺，才有可能以更低的生产成本生产与竞争对手相同的产品，或者才有可能生产出与竞争对手不同的产品。

（二）技术创新是企业创新的核心

企业的创新活动是全方位的，包括技术、管理、制度、市场、战略等各个工作层面和各个工作环节。其中，技术创新是核心。

技术创新是企业创新的主要内容，现代企业的一个重要特征就是在生产过程中广泛运用先进的科学技术。技术水平是反映企业核心能力的一个重要因素，企业要在激烈的市场竞争中处于主动地位，就必须顺应甚至引导社会进步，不断地进行技术创新。由于一定的技术是通过一定的物质载体体现的，企业的技术创新主要体现在要素创新、要素组合方法创新和产品创新三个方面。

（三）观念与机制是实现创新的关键

要在企业内实现创新，必须采取两个关键措施。

1. 提倡创新意识

创新意味着对现有状态的否定，这一定会遇到来自各方面的阻力。因此，首先应该在企业内部提倡创新意识，营造一种鼓励创新的氛围。

2. 制定鼓励创新的机制

仅有创新意识还不够，还应该制定鼓励创新的相应措施。应给有关人员一个宽松的创新环境，并且制定一套允许失败、奖励成功的鼓励创新的机制。

四、人才是关键——实施价值提升的主体

(一) 人力资源是企业最重要的资源

现代管理大师彼得·德鲁克（Peter Drucker）说过："企业只有一项真正的资源——人。"企业产品的价值是由两个性质不同的部分组成的，即转移价值和附加价值，其中附加价值是产品价值对转移价值的差额部分，这部分价值是由劳动创造的，是利润的真正来源。产品的附加价值越高，企业的利润就会越大。因此，人力资源是影响企业价值最关键的因素。

要提升企业价值，就必须更多地依赖人力资源的质量和结构，对人力资源的管理和开发往往关系到一个企业的生存和可持续发展。知识经济的到来，社会经济的发展增强了对劳动者知识的依赖，因此，人力资源特别是拥有高科技产业发展相关知识的人才，成为对提升企业价值具有战略意义的资源。

(二) 实施提升企业价值的战略性人力资源管理

为适应现代企业发展需要，提升企业价值，应充分开发好企业的人力资源，为此，应实施战略性人力资源管理。所谓战略性人力资源管理，就是人力资源的获取、整合、保持激励、控制调整及开发的过程。简单说，主要包括求才、用才、育才、激才、留才等内容和工作，主要体现在以下几个方面。

1. 视人力为资源的管理理念

在管理理念上，战略性人力资源管理视人力为资源，认为人力资源是一切资源中最宝贵的资源，经过开发的人力资源可以升值增值，能给企业带来巨大的利润。同时，人力资源管理部门则逐步变为生产部门和效益部门，讲究投入和产出，生产的产品就是合格的人才、人与事的匹配，追求

的效益不仅包括人才效益、经济效益和社会效益的统一,还包括近期效益和远期效益的统一。

2. 以人为中心的管理内容

在管理内容上,战略性人力资源管理以人为中心,将人作为一种重要资源加以开发、利用和管理,重点是开发人的潜能、激发人的活力,使员工能积极、主动、创造性地开展工作。

3. 整体动态开发的管理形式

在管理形式上,战略性人力资源管理属于动态管理,强调整体开发。也就是说,对员工不仅安排工作,还要根据组织目标和个人状况,为其做好职业生涯设计,不断培训,不断进行横向和纵向的岗位或职位调整,充分发挥个人才能,量才使用,人尽其才。

4. 人性化的管理方式

在管理方式上,战略性人力资源管理采用人性化管理,考虑人的情感、自尊与价值,以人为本,多激励、少惩罚,多表扬、少批评,多授权、少命令,发挥每个人的特长,体现每个人的价值。

5. 适应企业长远目标的管理策略

在管理策略上,战略性人力资源管理不仅注重近期或当前具体事宜的解决,而且注重人力资源的整体开发、预测与规划。根据组织的长远目标,制定人力资源的开发战略,属于战术与战略相结合的管理。

6. 科学灵活的管理技术

在管理技术上,战略性人力资源管理追求科学性和艺术性,不断采用新的技术和方法,完善考核系统、测评系统等科学手段。

7. 主动开发型的管理体制

在管理体制上,战略性人力资源管理多为主动开发型,根据组织的现状、未来,有计划有目标地开展工作。例如,制定人力资源规划、实施人才引进培养策略等,以充分调动员工的工作积极性。

8.较高的管理层次

在管理层次上，战略性人力资源管理部门处于决策层，直接参与组织的计划与决策，为企业最重要的高层决策部门之一。

五、制度是保障——制定价值提升的规则

制度用于规范人们的行为、调整人们之间的关系。这里所说的制度包含两个方面：一个是企业各方面运作应遵循的规范，即企业管理模式；另一个是调整企业委托－代理关系的企业治理机制。两者都应该满足提升企业价值的需要。

（一）企业管理模式

企业管理模式是指在企业管理实践中，管理者根据企业价值观、组织、指挥、激励和控制员工的方式，是企业管理系统化指导与控制方法的综合或者管理者领导风格和企业激励机制间的有机结合。它通过将企业的人、财、物、信息等资源，高质量低成本地快速转换为市场所需要的产品和服务，使有限的资源发挥更大的效益，以实现企业价值提升和价值最大化的目标。

企业管理模式包括决策和领导机制、管理技术、管理体制、规章制度等几部分。决策和领导机制，是指企业为进行有效的决策活动而设置的组织机构与组织关系，以及保证决策过程运行的制度和方法，其对企业管理模式的影响主要体现在企业目标的确定、目标的贯彻、目标的实施保证以及决策控制系统的建立等方面。

管理技术的本质是有效使用资源的手段或途径，包括管理方法和管理规程。管理方法是企业在整合资源过程中所使用的工具，直接涉及资源的有效配置；而管理规程规定三流（资金流、物流和信息流）的流程、方向、路径和形式。

管理体制包括职能分工、信息和指令传递系统，规章制度包括从产权制度到企业内部制度等各个方面，它是企业和企业中人的行为尺度和标准。

制定科学的管理模式，其目的就是要规范企业战略、投资、市场、生产、财务、人力资源等方面的运作，使企业内部各部门、各层次的人员为着一个共同的目标去分工协作，形成 1+1>2 的协同效应，实现企业价值的提升。

（二）企业治理机制

在现代企业中，由于所有者与经营者在大多数情况下是相分离的，企业中普遍存在着委托－代理关系，即企业主（委托人）与经营管理者（代理人）的利益不可能总是一致，需要靠一套制度去调整和制约。企业效率将取决于利益相关者对企业效益的关切程度。对所有者来说，他们可以通过选择合适的经理人员，来实现自己的目标，小股东则可以通过用投票的方式来表达自己的意愿；对于经营者与雇员来说，他们对企业效益的关切程度取决于个人努力与回报的激励。因此，委托－代理关系的核心是如何选择与激励代理人，使他们的目标与提升企业价值的目标相一致。

六、文化是灵魂——根植价值提升的理念

（一）企业文化的概念

文化，是指社会的知识和意识形态，以及与之相适应的制度和组织机构。凡有人群存在的地方就有文化。企业文化是文化的一种表现形式，是企业成员普遍遵守和奉行的共同价值观念。它反映和代表了企业成员的整体精神、共同的价值标准、合乎时代的道德品质和追求发展的文化素质。企业文化以观念的形态，从非计划、非理性的因素出发调控着企业成员的行为，补充和强化着企业管理，维系着企业内部人与人之间的关系，团结着企业成员为实现企业目标、提升企业价值而努力工作。它提供了企业管

理的理念基础，是企业运作的灵魂。

（二）企业文化的形成

企业文化的形成是一个历史过程，它不是凭空产生的，一旦形成又很难消失。它是随着企业的诞生、创始人的倡导、企业的各种规定和活动制度化以及企业成员对于基本的、有意义的行为的共同理解，并经过甄选、高层人士倡导、社会化逐步形成和发展起来的。

（三）企业文化的作用

1. 企业文化的积极作用

（1）目标导向作用

企业文化的整体优势使得企业中的个体目标与企业的整体目标相一致，成为个体目标发展的导向。

（2）团结凝聚作用

企业文化培养企业成员对企业的集体认同感，形成企业对成员的吸引力和成员对企业的向心力，指导企业成员的行为，提供企业成员言谈举止的标准，是一种黏合剂，有巨大的内聚作用，把整个企业聚合起来。

（3）激励振奋作用

企业文化可以激励企业成员自强自信，团结进取，形成企业成员的统一意志，这种意志形成了自身的发展机制，并产生激励效应。

（4）约束教育作用

企业中成文或不成文的规章制度和价值准则，引导和塑造员工的态度和行为，对员工的思想、性格、情趣产生潜移默化的影响，这种影响作用比起权威、命令的效力要大。

（5）适应和辐射作用

企业文化指导员工如何迅速地对顾客需求或竞争对手的行动做出反应，并对社会产生一定的影响，以自己的方式作用于社会。

2. 企业文化的负面作用

（1）对变革的影响

企业处于动态变化的情况下，企业文化往往成为企业的束缚。根深蒂固的企业文化容易束缚企业的手脚，使企业难以应付变幻莫测的环境。

（2）对个性的影响

企业文化强调统一的价值观、生活方式，强调新成员服从企业文化，这不利于企业成员个性多样化和创新能力的发展。

（3）对企业兼并、收购的影响

企业文化一旦形成，便具有相对的稳定性和个性特色，这种特色使得两个不同的企业在兼并、联合、收购后面临着文化融合、文化沟通的难题，使得新的企业文化同原有的企业文化之间出现摩擦和碰撞，有可能导致收购和兼并的失败。

（四）培育与提升与企业价值相适应的企业文化

有人说企业文化是"老板文化"，这话不无道理。组织行为学认为，一个有效的领导者，在被领导者心目中都具有较高的威望，在与组织其他成员的交往中，影响和改变他人心理的能力较强。企业中主要领导的喜好往往成为下属员工模仿的对象，而他们的是非判断，也极易成为企业共同的价值准则。因此，培育、提升与企业价值相适应的企业文化要从"老板"做起，要将提升企业价值、实现价值最大化的目标融入他们的一言一行中，体现于在他们主导下制定出的各种规章制度内，并作为其褒贬扬弃的判断准则。有关部门要配合在企业中宣传、贯彻价值提升和价值最大化的理念，全体员工也要自觉接受这种观念，以此作为是非判断的标准。只有这样，提升企业价值、实现价值最大化的理念才能根植人心，这一目标才能最终得以实现。

第六章　企业价值评估指标体系构建

第一节　评估指标体系构建原则

目前，我国企业价值评估指标体系主要有财政部的经济效益评价指标体系，国家统计局的工业经济考核指标体系，原国家经贸委财经司、国家统计局工业企业综合评价指标体系和企业资产保值增值评价指标体系。由于各自评价的主体和目的存在差别，指标体系从不同的角度与层面进行设计，其评估指标较好地适应了社会主义市场经济的要求。但是，这些指标不是围绕着企业价值创造活动建立的，有必要建立一种基于价值创造活动的指标体系，波特价值链的企业活动分类很好地弥补了这一空缺。基于价值链理论的评估指标体系构建需要遵循以下原则。

一、系统性和相关性相结合

企业是一个复杂的主体，它由不同部门、不同要素组成，既包括其内部的各个部门，又包括与企业运营有关的活动和行为。根据各个要素和行为的特点，可以把企业价值评价系统划分为多个子系统，这些子系统之间相互联系和制约，同时又相互独立。因此，指标体系不仅应该能够综合反

第六章　企业价值评估指标体系构建

映各个子系统,而且应该能够全面反映整个系统的发展状态。同时,基于各个部门或子系统之间又是相互联系的,在选择指标时要包括不同子系统和部门之间、同一系统不同主体之间相互联系和协调的指标,以利于对企业价值进行整体把握。

二、财务指标与非财务指标相结合

基于价值链的企业价值评估指标体系需要考虑企业价值链活动,以更好地考虑降低成本或改善成本行为,提高价值活动的运转效率,提高企业价值活动的效益,以及充分利用企业内部的有限资源。通过活动间的良好配合或者工作流程的重组,提升企业资本利用效率和投资回报率。非财务指标作为对企业内部经营活动进行有效计量和评价的手段,能够增强企业长期盈利能力。非财务价值指标具体分为三个类别:经营过程的技术评价指标、市场与顾客价值指标、企业员工评价指标。经营过程的技术评价指标主要体现在企业的技术开发支出方面,市场价值指标通过销售费用增长率和销售利润率来体现,顾客价值指标主要通过企业的市场占有率、产品售后维修支出以及顾客满意度体现,企业员工评价指标从企业方面来说可以通过员工培训支出比率表示,这些支出不仅包括对职工的培训和实习支出,还包括企业为职工支付的各种福利。

三、指标充分量化

现代企业价值的创造和增长越来越依赖于专利技术等无形资产和人力资源,其中,无形资产对企业价值创造起着决定性的作用,而人力资源在开发和使用过程中总量不断增长,不仅自身的价值会增值,而且会通过其能力作用使物质资本产生更大的增值。尽管企业价值评估指标体系中,财务指标具有可计量性的优点，但是，无形资产和人力资源带来的企业价值的增长是隐形的，即很难量化。解决企业价值评估指标量化问题的关键是指标权重的确定。为了保证分析结果的客观性、真实性，在设计指标体系时不仅要注重指标的量化，而且要科学分析指标间的关联度，使指标内部以及指标之间更能合理地量化，从而使企业价值评估指标体系的设计尽量减少主观判断成分。

第二节　财务指标体系的构建

一、基于价值链理论的财务指标评估方法的选择

传统的评估方法基本上都是从财务指标的角度出发来评价企业的价值的，在价值链理论指导下所采用的评估方法也主要参考传统的方法，其中，EVA是普遍认为较好的评估方法，主要体现在EVA的价值评估与企业价值的提高紧密地联系在一起，强调企业的整体价值，通过评估可以发现企业的价值增值因素，实现企业的价值最大化目标。它与会计利润最根本的区别是：它在计算企业所创造的价值时减去了权益资本成本，能表明企业营运的真实状况以及价值的创造和毁损。经济增加值相对于传统的利润指标，其最大的意义在于：它是一种完善资本市场的先进价值观念，它要求企业使用的任何资本，包括股东权益资本全部要计算其使用成本。它可以防止错误决策的产生，反映真正的企业价值。

第一，EVA提出了一种新的企业价值观，即企业价值最大化，并将价值评估与企业价值的提高联系起来。通过价值评估可以更好地发现企业的价值增值因素，从而促进企业价值的增加。EVA全面考虑债权人、股东和经营者各方利益，科学反映企业创造的价值，做到长期目标和短期目标的

兼顾，真正体现了企业价值最大化的价值观。

第二，EVA是一种直接测量价值创造量的评估指标。传统的业绩评估主要是从经营利润方面进行的，这样就使得部门经理可能为取得较高的利润水平而加大资本的投入量却忽视了资本成本，因为通过资本支出来增加经济利润比提高资本利用率来增加经济利润更加容易，但因此会使企业的整体利润降低。而EVA则可以促使部门经理通过提高部门现有资产回报率、增加超过资本成本的新资本投入、收回低于资本成本的投资等途径来提高部门的经济增加值，从而提高企业整体的经济增加值，最终提高企业的价值。从理论和经验的角度看，作为一种度量企业业绩的指标，EVA最直接地联系着股东财富的创造。从其定义上来看，追求更高的EVA就是追求更高的股票价格。从最基本的意义来说，EVA是企业业绩的度量指标。与大多数其他度量指标的不同之处在于，EVA考虑了带来企业利润的所有资金的成本。需要注意的是，EVA不仅是一种度量业绩的指标，还是一个全面财务管理的架构，是一种经理人薪酬的激励机制，可以影响一个企业从董事会到企业基层的所有决策。

第三，EVA是建立在经济收益观的计价基础上的，可以更加全面、真实、合理地反映企业资产和负债的情况。传统企业价值评估方法建立在会计收益观的基础上。在会计收益观下，由于历史成本原则、谨慎性原则的存在，利润表上所反映的企业收益并不是全部收益，没有包括持有资产收益；而经济收益观与会计收益观最大的区别就是经济收益观考虑了通货膨胀、持有资产收益、商誉等项目对企业价值变动的影响，企业价值评估以此为基础更为恰当。

第四，EVA的战略全局性。毋庸置疑，价值链管理的目标是为企业创造价值。与传统的以会计指标，如销售收入、市场份额、会计利润、资产规模等指标来衡量价值链管理创造成果相比，基于EVA的企业内部价值链管理追求的是扣除资本成本之后的经济利润。它能更为彻底地舍弃那种单纯以达成会计指标增长的规模扩张型价值链管理活动，回避那些会计报表显示的销售收入、市场份额或利润的大幅度增长。原因就在于，一个有相当会计利润的企业并不必然意味着其创造了真正的价值。而基于EVA的企业价值链管理系统所追求的是企业从价值链管理和价值创造系统设计中取得的扣除企业所有成本（包括债务资本成本和权益资本成本）后的剩余收益。这部分价值越高，说明企业的价值链管理和价值创造系统设计越有效，企业的核心竞争能力就越强，所以，EVA的战略全局性不言而喻。EVA有助于企业更好地进行符合股东利益的决策。

EVA被应用于企业管理、评价、激励等各个方面。在实施运用了EVA管理体系的企业中，EVA是作为衡量企业决策的单一指标，这避免了企业多目标造成的混乱，因为增加了EVA就等于增加了股东财富，而这是企业经营的根本目标。企业可以把EVA作为全面财务管理体系的基础，这套体系可以涵盖所有指导营运、制定战略的政策方针、方法过程以及衡量指标。在EVA体系下，管理决策的所有方面都可以囊括在内，包括战略企划、资本分配，并购或撤资的估价，制订年度计划，甚至包括每天的运作计划。在EVA奖励制度之下，管理人员的奖励直接与EVA联系起来，为自身谋取更多利益的唯一途径就是为股东创造更大的财富。EVA可以用于衡量部门的业绩、项目投资的价值以及对企业整体价值做出恰当的评价。

EVA估价法采纳了折现现金流量模型中的货币时间价值、风险-收益对等原则的优点，同时与传统的方法又有所不同，不是从利润分配角度出发，而是从企业的价值创造观点考虑问题。企业的一切生产经营活动都是围绕价值创造进行的，其结果又会在财务报表上得到最终反应，因此，其能够更为贴切地反映企业的真实情况。

"剩余收益定价着眼于企业的价值创造过程。"美国著名会计学家佩因曼（Penmen）教授认为，这是剩余收益模型与传统股利折现和现金流量折现模型的最大区别。一个企业的投资价值在于它将来赚取收益超过资本成本的能力，价格与账面价值比率将会随着企业增加经济价值的能力增强而增加。如果企业不能赚取超过资本成本的收益，那么，其股票价格低于净资产就毫不奇怪，这恰恰是资本市场对其内在价值的正确反应。传统的企业经营绩效评价指标，通常有权益报酬率、总资产报酬率、每股收益等。但这些指标都没有考虑资本成本因素，不能反映资本净收益的状况和资本运营的增值效益。企业显示正的利润并不意味着企业资产得到保值、增值。剩余收益估价模型的核心在于，它从股东的利益出发，在评价企业管理层的经营管理活动是否为股东创造了价值时，只有当企业的税后净利润（已扣除债务利息）大于股东对企业的投资资本时，才能认定管理层的经营管理活动为企业创造了价值。由此看来，把权益资本的成本作为考核企业经营业绩的一个要素，正是剩余收益与传统财务分析工具的最大区别。根据传统的会计利润计算惯例，很多企业的财务报表显示都在盈利。但是，事实上，许多企业并没有真正盈利，因为其所得的"利润"往往小于企业全部投入的资本成本。作为一种新的会计方式与管理理念，剩余收益纠正了这个错误，并明确指出，管理人员在运用资本时，必须"为资本付费"，就像支付工资一样。剩余收益模型对资本成本的重视，使企业可以避免隐性亏损。例如，一般企业投资时，只要回报率高于贷款利率，就认为是一个可行决策。事实上，如果考虑股东要求的报酬，项目未来现金流量未必能全部满足。用剩余收益的方法计量，投资于该项目可能会遭受损失。

此外，基于剩余收益观念，可以更好地协调企业各个部门之间的利益冲突，促使企业的价值最大化。企业的生产、营销、采购、服务是一个复杂的系统，各个部门之间可能存在着利益冲突。特别是在企业的资源有限时，这种冲突更为严重。如果从剩余收益角度考虑，无疑为解决这种冲突提供了一条较好的途径。不同的部门目标实现需要一定的投资，如果它能够创造较多的剩余收益，那么就应该被优先满足；如果它不能创造剩余收益或者创造的剩余很少，那么它只能排队等候。建立在剩余收益框架下的企业决策准则，保证了企业营运战略的顺利实施。企业价值的来源很多：率先开发出新的产品、进入一个新的行业、现在投入可在未来获益的资本性支出、创新造就的生产成本降低，等等。对于企业的高层管理者而言，并不是缺乏投资项目，而是通常面临着太多的可供选择项目，每一个项目经理都会把自己的项目描绘得美妙无比，因为他们在企业总体利益目标下，还具有不同的私人利益需求。这样，如何选择一个真正好的项目，就成为高级管理者的难题。在剩余收益面前，所有这些问题都迎刃而解。采用剩余收益作为财务衡量指标，所有的决策过程归结到一个问题——是否提高剩余收益。

剩余收益的最大来源无疑是专有技术和产业壁垒，产业壁垒并非每个企业都具备，创新才是大多数企业的秘诀所在。通过品牌、技术和服务创新，建立更有吸引力的市场、构建更为强健的竞争地位和竞争优势，最终建立"剩余收益的永动机"。基于剩余收益理念的核心的竞争优势和正确的决策准则是企业生存、发展的基本要求，是保证企业价值创造的必然需要，也是企业基业长青的源头所在。

对于指导企业的运营来说，好的思想无疑是不可或缺的，但就将企业作为一个创造价值的单元而言，更重要的是需要发展出一个切实可行的方法直接用于引导企业的行为。而EVA贴现模型的产生正是如此。该模型直接源于剩余收益模型，具备了上述优势，但又高于剩余收益模型，因为EVA是在一般公认会计原则的基础上经过了会计调整，使之更符合价值管理的要求。

EVA贴现模型的内在机理在于：如果企业能够获得基于账面价值的正常利润率，也就是，如果企业的盈利等于资本成本，那么，投资者只会付出不高于股票账面价值的价格；如果获得超额利润，投资者才会付出高于股票账面价值的价格。因此，企业权益价值与账面价值的差异取决于企业获得EVA的能力。利用EVA贴现模型所估计出的股票价值如果高于当前股价，表明该股票具有正向的未来收益，反之则具有反向的股票收益。

企业价值一般含有两种基本信息：一是企业经营或资本投入的规模，规模表明企业发展的机会和抗风险的能力；二是资本运作的效益，效益反映了企业市场竞争力。在传统的利润指标中，集这两种信息于一身的利润指标似乎很难找到，而 EVA 却较好地把这两种信息合二为一，这使得许多学者认为，在与市场价值的相关变化方面，EVA 比传统的利润指标具有更高的解释力。EVA 与股东价值呈同方向变化，追求 EVA 最大化就是追求股东价值最大化。而股东价值是企业价值的重要组成部分，在债务价值一定的情况下，股东价值的增减必然会引起企业价值的增减。所以，我们可以将 EVA 引入企业的价值评估，在计算 EVA 的基础上确定企业价值。通过对价值评估领域中盛行的三大模型的对比分析可知，剩余收益估价模型因为结合了股利贴现和现金流折现的思想，将企业的价值来源建立在价值创造而不是价值分配的理论之上，故更适合于价值管理时代的企业价值评估。从这个意义上说，EVA 与剩余收益估价在实质上是一致的。基于此，我们推导出了 EVA 估价模型用于企业价值的评估。

EVA 作为一种较完善的绩效评估体系，能够对企业、客户、供应商的绩效进行全面评估。EVA 评估体系很好地满足了价值链管理的要求，是对传统企业绩效评价体系的"纠正"。而国内外众多企业在实施价值链管理的同时也结合了 EVA 绩效评估，并取得了明显的成绩。采用 EVA 评估企业价值时，主要的思路是由目前的收益推算出未来的收益。然而，企业未来的收益不仅由当前的收益能力决定，还要受这种盈利能力的可持续性和可增长潜力的制约，如宏观政策、创新能力、人力资源、竞争战略、运营效率、产品质量、市场占有率、顾客满意度、企业文化等，都会对企业未来收益产生重大影响。

二、EVA 的计算方法

(一) 应用假设

第一，假设企业持续经营，在管理水平、生产效率、技术水平等内部因素基本不变的情况下保持平稳或稳定增长。

第二，假设外部环境不变。市场竞争环境、通货膨胀率、汇率、国债和存款利率等外部因素稳定，以使资本成本率和贴现率不变。

第三，假设企业资本结构保持不变。企业不进行股本融资，企业的债务水平保持不变，旧债务到期后仅举借同等规模的新债，企业投资和开发使用企业的留存收益作为资金来源。

(二) 主要变量

在实务中，经济附加值的计算要相对复杂一些，这主要是由两方面因素决定的：一是在计算税后净营业利润和投入资本总额时需要对某些会计报表科目的处理方法进行调整，以消除根据会计准则编制的财务报表对企业真实情况的扭曲；二是资本成本的确定需要参考资本市场的历史数据。由于各国的会计制度和资本市场现状存在差异，经济附加值指标的计算方法也不尽相同。

由上可知，经济附加值的计算结果取决于三个基本变量：税后净营业利润、资本总额和加权平均资本成本。

1. 税后净营业利润

税后净营业利润等于税后净利润加上利息支出部分（若税后净利润的计算中已扣除少数股东损益，则应加回），亦即企业的销售收入减去除利息支出以外的全部经营成本和费用（包括所得税费用）后的净值。因此，它实际上是在不涉及资本结构的情况下，企业经营所获得的税后利润，也即全部资本的税后投资收益，反映了企业资产的盈利能力。除此之外，还需要对部分会计报表科目的处理方法进行调整,以纠正会计报表信息对真实业绩的扭曲。

2. 资本总额

资本总额是指所有投资者投入企业经营的全部资金的账面价值,包括债务资本和股本资本。其中债务资本是指债权人提供的短期和长期贷款,不包括应付账款、应付票据、其他应付款等商业信用负债。股本资本不仅包括普通股,还包括少数股东权益。因此,资本总额还可以理解为企业的全部资产减去商业信用债后的净值。同样,计算资本总额时也需要对部分会计报表科目的处理方法进行调整,以纠正对企业真实投入资本的扭曲。

3. 加权平均资本成本

加权平均资本成本是指债务资本的单位成本和股本资本的单位成本,根据债务和股本在资本结构中各自所占的权重计算的平均单位成本。

(三) 会计调整

由于根据传统会计准则编制的财务报表对企业绩效的反映存在部分失真,在计算经济增加值时需要对一些会计报表科目的处理方法进行调整。

一般而言,一个企业只需要进行 5～10 项重要项目的调整就可以达到相当准确的程度。一项调整项目是否重要可以按照下列原则进行判断。①重要性原则。即拟调整的项目涉及金额应该较大,如果不调整会严重扭曲企业的真实情况。②可影响性原则。即经理层能够影响被调整项目。③可获得性原则。即进行调整所需的有关数据可以获得。④易理解性原则。即非财务人员能够理解。⑤现金收支原则。即尽量反映企业现金收支的实际情况,避免管理人员通过会计方法的选取操纵利润。

遵循这五大原则,一般认为以下三个项目为必须调整的项目。

1. 研究发展费用和市场开拓费用

在股东看来,研究发展费用和市场开拓费用是企业的长期投资,有利于企业在未来提高劳动生产率和经营业绩,因此,应该和其他有形资产投资一样列入企业的资产项目。但是,根据稳健性原则,企业必须在研究发展费用和市场开拓费用发生的当年列作期间费用一次性予以核销。这种处理方法实际上否认了两种费用对企业未来成长所起的关键作用,而把它与一般的期间费用等同起来。

计算经济增加值时要将研究发展费用和市场开拓费用资本化,即将它们作为企业的长期投资加入资产。同时,根据复式记账法的原则,资本总额也增加相同数量。然后,根据具体情况在几年之中进行摊销,摊销值列入当期费用抵减利润。经过调整,这两种费用将不会对经理层的短期业绩产生负面影响,鼓励经理层进行研究发展和市场开拓,为企业长期发展增强后劲。

2. 递延税项

在企业采用纳税影响会计法进行所得税会计处理时,由于税前会计利润和应纳税所得额之间的时间性差额所影响的所得税金额要作为递延税项单独核算。递延税项的最大来源是折旧。比如,企业持续发展并且不断更新其设备,递延税项实际上会一直保持一个余额,因此,它实际上就是企业永久性占用的资本。不调整递延税项会低估企业实际占用的资本总额,高估资本的盈利能力。正常情况下,其结果是应纳税所得额小于会计报表体现的所得额,形成递延税项负债,企业的纳税义务向后推延,这对企业是明显有利的。

在计算经济附加值时,对递延税项的调整是将递延税项的贷方余额加入资本总额,如果是借方余额则从资本总额中扣除。同时,当期递延税项的变化加回到税后净营业利润中。也就是说,如果本年递延税项贷方余额增加,就将增加值加到本年的税后净营业利润中,反之,则从税后净营业利润中减去。

3. 各种准备

各种准备包括坏账准备、金融资产的跌价或减值准备等。根据我国企业会计制度的规定，出于稳健性原则，企业要为将来可能发生的损失预先提取准备金，准备金余额抵减对应的资产项目，余额的变化计入当期费用冲减利润。作为对投资者披露的信息，这种处理方法是非常必要的。但对于企业的管理者而言，这些准备金并不是企业当期资产的实际减少，准备金余额的变化也不是当期费用的现金支出。提取准备金的做法一方面低估了企业实际投入经营的资本总额，另一方面低估了企业的现金利润，因此不利于反映企业的真实现金盈利能力；同时，企业管理人员还有可能利用这些准备金账户操纵账面利润。

因此，计算经济附加值时，应将准备金账户的余额加入资本总额之中，同时将准备金余额的当期变化加入税后净营业利润。

第三节 非财务指标体系的构建

一、企业内部价值活动评估指标设置

同一行业不同企业之间的效益差别大于不同行业之间企业的效益差别足以说明企业内部环境对企业价值的重要性。不同企业可能面临相似的外部环境，但不同企业内部情况却千差万别，从而导致企业价值各异。因此，从企业内部分析价值活动评估指标至关重要。

（一）研发活动的指标选取

研究与开发方面的评估指标体系应由三个层次构成：研发投入阶段评估指标、研发过程评估指标和研发结果评估指标，如图 5-1 所示。

1. 研发投入阶段

企业为了增强竞争优势，不断提高自身特有的竞争力，新技术、新产品的不断研发是至关重要的，而这一价值活动需要大量的前期投入，所以

对企业研发初期投入的评估很重要。作为研发阶段的基础,良好的资金、人员及设备的投入是必要的,同时,为了获得行业前沿的信息,可以安排研发人员进行有效的国内外产品技术调研,从而促进企业自身的技术创新。因此,可设置研究开发费用率、研发人员数量占员工总数比率两个指标对企业研发投入进行评估。

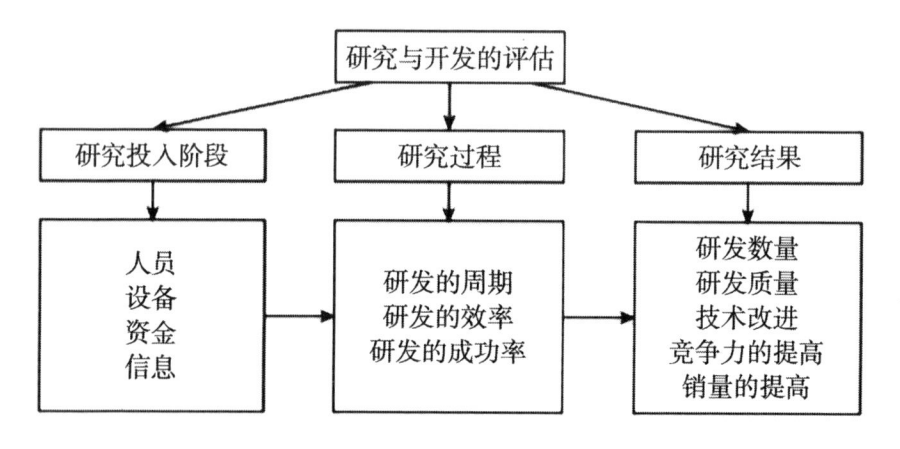

图 5-1 研发评估指标结构图

$$研究开发费用率 = \frac{本期研究开发费用}{末期销售收入总额} \quad (5-1)$$

$$研发人员数量占员工总数比率 = \frac{从事研究开发人员人数}{企业员工总数} \quad (5-2)$$

这两个指标是正向结果指标,反映了企业研发前期阶段的投入情况,指标的比重越大,说明企业对于研发活动越重视,企业的竞争力也就越强。不断的研发投入会产生源源不断的创新力,这为企业的持久发展提供了有利条件,成为企业价值增值的必要因素。

2.研发过程阶段

在前期研发投入充足的条件下,研发过程阶段更加注重对于研发周期、效率以及成功率的分析。通过这三个指标来评价研发活动从投入到产出这

第六章　企业价值评估指标体系构建

一关键价值产生过程。

$$研发周期 = 研究时间 + 开发时间 + 测试时间 \quad （5-3）$$

$$研发效率 = \frac{实际研发时间}{计划研发时间} \quad （5-4）$$

$$研究成功率 = \frac{实际研发成功数量}{计划研发数量} \quad （5-5）$$

这三个指标可以有效地反映出企业的研发能力。其中，研发周期是指从新的概念提出到最终产品生产出来的时间，关系到企业是否能够提前于竞争对手进入新的市场。在成功把握市场动向的同时及时抓住时机，利用新技术产生经济效益。研发效率和研发成功率也可以看作反映研发成本的指标，即用以评估企业研发的投入是否有合理的创新回报。这两个指标介于0～1之间，接近于0说明研发过程有缺陷需要及时调整，否则将对企业的价值增值产生负面影响。

3. 研发结果阶段

对于研发产生的结果的评估主要关注顾客对于研发产品的认同度和研发产品市场份额的增加额。创新的最终价值要通过现实的产品或服务来体现，企业创新的目的是获得能够对企业业绩增长有重大贡献的新产品，所以，本节采用了新产品贡献率指标来衡量新产品对企业的贡献。

$$研究成功率 = \frac{实际研发成功数量}{计划研发数量} \quad （5-6）$$

这一指标是正向指标，比率越大说明企业的研发活动的产出比越大，企业的竞争能力越强。同时，说明企业对于市场发展方向的把握是准确的，符合市场发展规律并提供了不断更新的产品。

（二）学习与成长方面的指标

在评估、分析学习与成长方面的指标时，着重从员工才能培养的角度来评价。如前文所述，员工的能力对于企业的发展至关重要，同样，员工队伍的稳定性也在很大程度上影响企业的发展,频繁的人员调动会削弱企业的竞争力。因此,从以下几个方面来设定指标。

1. 员工能力

员工的能力水平可以通过其学历程度来反应,一般认为学历越高,其能力水平也就越强。

$$员工的能力水平 = \frac{企业具有某一学历水平的人员数量}{该企业人员总数} \quad (5-7)$$

在这里,学历水平可以划分为大学学历、硕士研究生学历、博士研究生学历等。

2. 员工的培训率

员工的培训率反映企业对于员工后期能力培养的水平。随着社会技术的进步以及企业的发展,员工的原有知识能力水平会有所落后,此时就需要对员工进行培训,从而为企业的继续发展提供强有力的竞争力。

$$员工的培训率 = 培训的人员数量 / 企业人员总数 \quad (5-8)$$

由于培训的时间延续性,企业员工需要分批分期进行培训,同时考虑到培训的时效性,我们在这里建议以两年为一个周期来确定培训人员数量。

3. 员工满意度

员工满意度对于企业员工队伍的稳定性至关重要,同时,也可以最大限度地调动员工的工作积极性,提高工作效率,使企业各个部门顺畅运转,进而达到企业整体的高效运营。员工满意度是个正向指标,员工满意度越大,表明员工的工作积极性、主动性和创造性越高,劳动生产率越高,企业的经营业绩越好,竞争力越强,反之,则相反。

在这里,建议以调查表的方式来测评员工满意度,见表5-2。

表 5-2 员工满意度调查表

评价内容	权重	得分	计算结果（权重 × 得分）
决策参与程度			
才能发挥程度			
培训满意程度			
薪酬满意度			

4. 员工生产率

$$员工生产率 = \frac{一定时期内销售收入}{企业员工总数} \qquad (5-9)$$

员工生产率可以说是对企业成本的一种控制，在营业额一定的情况下，企业员工人数越少，说明员工的生产效率越高，这对降低企业的人工成本存在指导作用。运用这一指标发现企业整体的人工成本水平，在参考同行业类似企业的情况下，分析企业自身存在的问题，提高员工工作效率，增强企业竞争力。

二、企业外部价值活动评估指标设置

（一）上游供应商方面

在外部价值活动中，供应商为企业提供原料、零配件等产品，这些产品的质量和价格对企业的产品乃至整个价值链的最终产品都有着重要影响，上游供应商的质量对企业竞争力也有很大的作用。

1. 供应商产品质量与价格

一般来说，企业是在横向比较各家供应商的产品价格后，认定某一个或某一些供应商的产品在价格方面有优势，才选择与其结成价值联盟。因此，我们可以选择价格竞争优势这一指标来考察供应商在产品价格方面的优势。

$$供应商的价格竞争优势 = \frac{供应商提供的产品价格 - 同行业该产品的平均价格}{同行业该产品的平均价格}$$
（5-10）

价格竞争优势是指企业上游供应商与同行业价格平均水平相比，在提供给企业的产品价格上所具有的价格优势。该指标为负时，说明供应商具有价格竞争优势，且数值越小，优势越明显。

产品合格率则可以用来衡量供应商提供产品的质量：

$$产品合格率 = \frac{合格产品的数量}{总产量}$$
（5-11）

2. 供应商数量

供应商数量对企业的价值有着重要影响，目前，对于供应商选择有两种观点。一种是特定原料及配件选择唯一的特定供应商，基于这样的供应关系可以使企业自身拥有比较可靠稳定的上游供应商，在产品质量上可以达到更高的水平。同时，可以高度确立企业之间的合作关系，共同研发产品。但是，这种策略有一个致命的缺陷，就是当供应商产品出现问题时，必然导致企业自身产品的缺陷，而且没有替代资源。第二种观点则是同时选择多家供应商，通过多家供应商之间的竞争来间接提高原料及配件的质量、降低采购价格。这样，在一家供应商出现问题时可以有替代资源。因此，这个指标并不是静态的，而是根据企业所处的行业及自身规模而论的。根据企业所处的不同发展阶段采取不同的策略，对这一指标做出评价。

3. 供应商配合度

虽然价值链节点企业之间必然存在着种种交易，如企业向上游供应商进行的采购，但不同企业之间最初的关系都是一种交易关系。随着合作时间的增加及合作程度的深入，企业只有与供应商建立一种良好牢固的合作关系，才能在激烈的竞争中立于不败之地。企业与供应商的合作关系是基于双方共同利益之上的，两者之间的信息共享及及时传递可以有效地减轻价值链上的长鞭效应，有助于企业做出及时的市场预测。在这里，我们选取信息共享程度和其他合作者的评价作为主要指标。

$$信息共享程度 = \frac{信息供应商提供有效信息数}{信息供应商提供信息总数} \qquad (5-12)$$

其他合作者的评价是一个定性指标，通过收集供应商其他合作伙伴的评价，决定与高评价级别的供应商合作。

4. 供应商研发能力

企业在与供应商组成价值链之后，往往会与供应商共同合作研发新产品，并会要求供应商按照企业新产品的要求及时提供新产品的零部件。此时，供应商的研究开发能力就显得格外重要了。可以借鉴前文对企业研发能力指标的设定，通过研发人员的受教育程度和新产品研发成功率这两个指标来衡量供应商的研发能力。同时，这一指标同样拿来与同行业中的平均水平做横向比较，得出供应商在研发能力方面的优势。

综合以上评价分析，可以得出供应商评估指标结构，如图5-3所示。

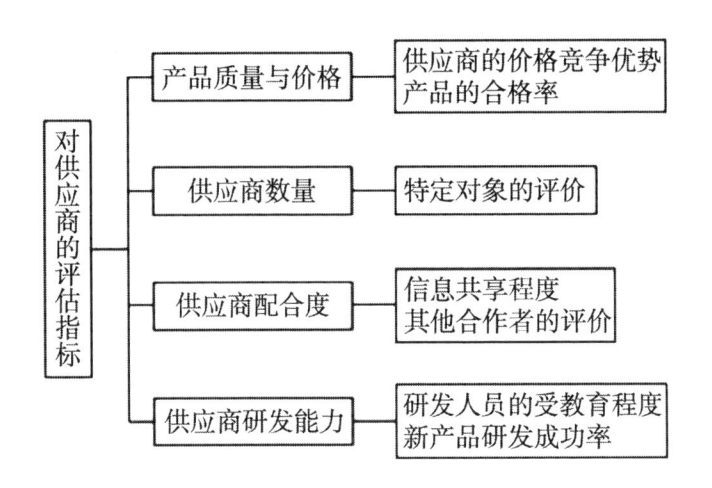

对供应商的评估指标	产品质量与价格	供应商的价格竞争优势 产品的合格率
	供应商数量	特定对象的评价
	供应商配合度	信息共享程度 其他合作者的评价
	供应商研发能力	研发人员的受教育程度 新产品研发成功率

图5-3 供应商评估指标结构

（二）下游顾客方面

准确地说，价值是由顾客和企业共同创造的。因此，企业应该树立以顾客价值最大化为核心的企业理念。一方面，企业需要把远景规划同顾客价值创造结合起来，其核心是满足顾客的需求和愿望，不断提高顾客感知利得。另一方面，企业应从制度上保证企业管理者和员工从态度和行为上去关心顾客价值创造，让顾客价值创造成为所有员工的共识和习惯。

1. 顾客获得率

顾客获得率反映了企业赢得新顾客的能力和市场营销能力，也体现了企业开拓新市场的效率。企业为了增加利润和销售额，必须花费大量的时间和资源搜寻新顾客，企业只有不断地获得新顾客，并努力使新顾客的数量大于流失顾客的数量，才能维持并扩大企业的市场份额。所以，不断获得新顾客对于企业的盈利能力非常重要，也反映了企业竞争力的大小。顾客获得率可以用企业本年度新顾客的增长数与上年末顾客总数来近似地计算。其公式为：

$$顾客获得率 = \frac{本年度新顾客的增长数}{上年末顾客总数} \qquad (5-13)$$

2. 顾客满意度

顾客满意的意义在于，顾客满意是最好的推销。只有让顾客满意，企业才能实现价值增值，才能在激烈的竞争中生存和发展。

顾客满意度总体上是顾客对企业价值链整体运作情况的检验。具体来说，顾客满意的重要性在于：顾客忠诚来自顾客满意，而忠诚顾客会重复向一个供应商购买商品或服务，从而能保证价值增值的实现；顾客满意可以降低顾客对于价格的敏感性，对企业满意度较高的顾客愿意为他们所获得的产品或服务付出较高的价格，更能容忍价格的上涨，从而扩大企业的获利能力；顾客满意可以减少企业的经营成本，如交易成本、失败成本、吸引新顾客的成本等，增加企业的获利能力。但是，由于使顾客满意需要企业付出产品、设备、管理人员、维修安装人员、销售网络、促销能力等方面的成本，在顾客满意度达到某一数值时，令顾客满意增加的成本就会超过顾客满意带来的收益,所以,令顾客满意并不是追求百分之百的顾客满意度,企业与顾客之间存在着双向选择的过程。

$$顾客满意度 = \frac{感到满意的顾客数量}{顾客总数} \quad (5-14)$$

这个指标是正向指标,比率越大说明顾客对企业的满意度越大,也就是企业的价值得到更大的体现。

3. 顾客响应时间

顾客响应时间是指企业从收到顾客投诉到解决该投诉所需要的时间。这个时间反映了企业对顾客服务需求的响应速度,是企业售后服务活动的效率指标。如前所述,售出产品可能由于各种原因而受到损害,顾客投诉表明顾客对产品或服务的实际感受没能够符合原先的预期,也是其不满意积累到一定程度的结果。及时快速响应顾客投诉是企业对自身产品或服务存在的各种缺陷的补救性措施,是增加顾客对企业好感、使顾客信赖企业的必要条件。因此,顾客响应时间是一个逆向指标,顾客响应时间越短,说明企业响应顾客的速度越快,售后服务活动的效率越高,企业在顾客心目中的形象越好,顾客满意程度越高。在具体计量时,要注意顾客响应时间是企业对不同顾客投诉的响应时间的平均值。其计算公式是:

$$\overline{Tb} = \frac{\sum_{i=1}^{n} T_{bi}}{n} \quad (5-15)$$

式中,$\overline{Tb}$——顾客投诉的响应时间的平均值;

T_{bi}——顾客响应时间。

n——顾客数量。

4. 成功处理顾客投诉率

成功处理顾客投诉是指企业及时、有效地处理顾客投诉的情况。处理顾客投诉是企业保护顾客权益的重要举措,也是影响顾客满意度和忠诚度的重要因素。成功处理顾客投诉率反映了企业售后服务活动的质量。一些研究表明，顾客10次购买中会有两次不满意，95%以上的不满意顾客不会投诉，大多数不满意顾客会少买或转向其他供应商，而不是投诉，不满意顾客将向其他至少20人讲述对企业的不满。所以仅仅从这个角度上来说，企业也要高度重视对顾客投诉的处理，因为这些顾客是对企业不满意顾客中较少的给了企业重新获得他们信任机会的顾客。如果投诉得到处理，54%~70%的投诉顾客还会再次光临。如果投诉能得到很快处理，95%的顾客会再次光临。而且，顾客在投诉得到妥善处理后，会把处理的情况告诉5个人，这样就能够帮助企业吸引新的顾客。

从这些统计数字中可以发现，不仅对企业不满意顾客会减少对企业的购买甚至直接成为企业流失的顾客，而且这种不满还有很大的扩散效应，这样就会加速企业的顾客流失，而成功处理了顾客的投诉可能会使这些顾客成为企业的忠诚顾客。所以成功处理顾客投诉是企业赢得顾客满意和顾客忠诚，扩大企业市场份额的一个必不可少的环节，企业只有高度重视顾客投诉，并及时有效地加以解决，才能够减少顾客的流失并吸引更多的顾客。所以，成功处理顾客投诉率反映了企业的售后服务质量，也是企业增加对顾客吸引力的一个重要因素，长期维持较高的售后服务质量能够使企业赢得歧异性竞争优势。

$$成功处理顾客投诉率 = \frac{成功处理顾客投诉次数}{顾客投诉总数} \quad (5-16)$$

这个指标是正向指标，指标值越大，说明企业售后服务的质量越好，顾客满意度越高。

三、基于价值链理论的非财务指标评估方法的选择

由于非财务指标评估具有一定的专业性，对非财务指标的评估可采用专家评估法。目前，主流的专家评估法有专家会议法和德尔菲法。由于德

尔菲法既能发挥专家会议法的优点（即能充分发挥各位专家的作用，集思广益，准确性高；能把各位专家意见的分歧点表达出来，取各家之长，避各家之短），又能避免专家会议法的缺点（即权威人士的意见影响他人的意见；有些专家碍于情面，不愿意发表与其他人不同的意见；出于自尊心而不愿意修改自己原来不全面的意见），这里主要分析德尔菲法。

德尔菲法在很大程度上依赖于专家意见以及有争议的假设。这一假设认为，小组在交换意见基础上达到的一致将最终产生有关未来发展的时间和可能性的可靠预测。其过程是，由几位知识渊博的人士组成专门小组，就某一预测问题正式地、有组织地征求几位专家的意见，再将他们的意见返回到小组中去，就未来事件的时间和发展达成一致意见。

作为一种预测事件发展的方法，德尔菲法是在缺乏历史数据或动向数据的情况下，或者在现有模型需要高水平主观判断的情况下使用的。该方法通过由分析者召集的一组具有代表性的专家来回答几轮认真设计的调查表进行预测。调查表的设计旨在促使小组在特性、可能性以及未来事件时间上达成一致意见。可以把小组成员面对面召集在一起，也可以通过电话或者电脑网络召集，但是，最常用和最好的形式是邮寄调查表。邮寄的主要优点是可以避免同行的偏见影响和委员会的压力，以及其他作用于答复者的心理影响，具有"背对背"地发表意见的特征。

与其他预测模型一样，德尔菲法从一个关于未来的问题开始。在德尔菲法中，这个问题通常涉及定性动向或者新发现的现象，或者其他不能用传统的动态外推和结构模型研究的没有先例的事件。因而，德尔菲法常被作为预测的最后手段，这也许是德尔菲法最大的可取之处。

（一）德尔菲法的特点

德尔菲法本质上是一种反馈匿名函询法。德尔菲法是一种利用函询形式进行的集体匿名思想交流的过程。它有三个明显区别于其他专家预测方法的特点，即匿名性、反馈性、统计性。

1. 匿名性

采用这种方法时，通常，所有专家组成员不直接见面，只是通过函件交流，这样就可以消除权威的影响。

2. 反馈性

该方法需要经过3~4轮的信息反馈，在每次反馈中，调查组和专家组都可以进行深入研究，使得最终结果基本能够反映专家的基本想法和对信息的认识，因此，结果较为客观、可信。小组成员的交流是通过回答组织者的问题来实现的，一般要经过若干轮反馈才能完成预测。

3. 统计性

最典型的小组预测结果是反映多数人的观点，少数派的观点至多概括地提及一下，但是，这并没有表示出小组成员的不同意见的状况。而统计回答却不是这样，它报告一个中位数和两个四分点，其中一半落在两个四分点之内，一半落在两个四分点之外。这样，每种观点都包括在这样的统计中，避免了专家会议法只反映多数人观点的缺点。

(二) 德尔菲法的实施步骤

1. 建立调查工作组

德尔菲法实施的第一步就是成立调查工作组，负责调查的组织工作。其工作内容包括对专家的选择、问卷的发放与收回、问卷结果的统计、为专家提供必要的帮助。

2. 选择专家

依据问题的性质选择专家，这是德尔菲法进行评估的关键步骤。专家应该包括各个领域的专家，如营销、管理等，不仅要有熟悉本行业的学术权威，还应有来自生产一线从事具体工作的专家；既要有技术领域的专家，还要选择一定比例的企业家和有关管理人员。专家至少应具备该领域的高级职称。具体人数可根据实际情况确定，一般以30~50人为宜。

3. 发布问题

向所有专家提出所要预测的问题及有关要求（尽可能将过程简化，不问与预测无关的问题），并附上有关这个问题的所有背景材料，同时请专家提出还需要什么材料，确保为专家提供充分的信息，使其有足够的依据做出判断。

4. 专家对问题进行评估

由于专家组成员之间存在身份上的差别以及其他社会原因，有可能使其中一些人因不愿批评或否定其他人的观点而放弃自己的合理主张。要防止这类问题的出现，必须避免专家们面对面的集体讨论，而是由专家单独提出意见，采用匿名或"背对背"的形式进行评估。专家根据他们所收到的材料，结合自己的知识和经验，提出自己的意见，并说明依据和理由，按照该程序完成对所有问题的回答。允许专家粗略地估计数字，不要求精确，但可以要求专家说明预计数字的准确程度。

传统德尔菲法的调查程序一般为四轮。将各位专家第一次判断意见归纳整理，统计分析，列成图表，进行对比，综合成新的意见表。也可以把各位专家的意见加以整理，或请身份更高的其他专家加以评论，然后把这些意见分送给各位专家（其中不说明发表各种意见的专家的具体姓名），以便他们参考后修改自己的意见。将这些资料分发给每位专家，让专家比较自己同他人的不同意见，根据他们所收到的材料，调整、修改自己的意见和判断，提出新的预测意见，并说明自己是怎样利用这些材料提出预测值的。逐轮收集意见并为专家反馈信息是德尔菲法的主要环节。这一过程重复进行，直到每一个专家不再改变自己的意见为止。

5. 对获取的专家知识进行处理

对专家的意见进行综合处理，以专家的原始意见为基础，建立专家意见集成的优化模型，综合考虑一致性和协调性因素，同时满足整体意见收敛性的要求，找到群体决策的最优解或满意解，获得具有可信度指标的结论,达到专家意见集成的目的。表述预测结果,即由预测机构把经过几轮专家预测而形成的结果以文字或图表形式表现出来。

第四节 财务指标与非财务指标的整合

一、整合思路

企业价值评估一般以财务指标结果为基础,利用对非财务指标的评估结果,对财务结果进行修正,其基本公式可以表述为:

企业价值 = 企业基本价值 + 修正价值　　　　　　　　　　（5-17）

企业基本价值是通过财务指标,即经济利润增加值法计算出的价值。由于基本价值未考虑价值链上的非财务因素,我们需要通过非财务指标计算出一个修正价值对基本价值进行调整,从而计算出企业价值。

非财务指标对企业价值的提升是通过两个方面的作用实现的。首先,是对企业成本的降低。成本的降低一是体现在生产环节,即生产成本的降低,二是体现在由于企业运营效率的提高而导致运营成本和资本成本的降低。可以说,这是从企业自身内部挖掘价值,是企业通过苦练"内功"而提升基本价值,其影响主要在于企业本身的基本价值,而不会直接影响其竞争对手。这种由于降低成本而产生的价值在本评估体系下称为内部修正价值。其次,是增加企业的收入,如营销环节的价值提升可以使企业销售更多的产品。由于企业与竞争对手的产品是同类产品或可以相互替代的产品,这类价值的提升是对竞争对手的价值空间的压缩。总之,它与竞争对手的价值变化相关,可称为外部修正价值。

因此,企业价值的计算公式可以重新表述为:

企业价值 = 企业基本价值 + 内部修正价值 + 外部修正价值（5-18）

二、修正价值的计算

(一) 内部修正价值计算公式

假设某一企业内部价值为 a，基本价值为 V，(a-100) 表示其超越竞争对手的程度，为内部修正价值得分，是企业经营效率改善、生产成本和资本成本降低的表现，它将直接作用在企业基本价值这一静态指标的各个变量上，对企业本身的基本价值产生影响，而不对竞争对手产生影响，因此，(a-100)/a_1 表示其对企业基本价值的提升程度。所以，

内部修正价值 = 企业基本价值 × (a-100)/a_1 (5-19)

(二) 外部修正价值计算公式

外部竞争价值的存在依存于其竞争对手的存在，如果企业没有竞争对手，那么外部修正价值就为零。企业外部修正价值的增加，实际来源于其竞争对手外部修正价值的减少，外部修正价值的减少意味着收入的减少，收入的减少就会导致企业经营困难，融资成本升高、员工工作积极性降低、供应商信用条件变得苛刻。同时，竞争对手的外部修正价值的减少又会导致其基本价值和内部修正价值的降低，而竞争对手的基本价值和内部修正价值的降低反过来又会导致外部修正价值的减少，直至竞争对手改善其经营状况为止。因此，被评估企业外部修正价值的增加，可以看成是其竞争对手总价值降低的结果，它的增加反映了竞争对手价值的降低。反之，企业外部修正价值的增加则会导致企业基本价值和企业内部修正价值的增加，而这两者的增加又会促进外部修正价值的增加。

从上面这段分析可以看到两点：①外部修正价值实际上是对企业基本价值与内部修正价值之和的修正；②被评估企业外部修正价值的变化导致了竞争对手整体价值及各价值因素的变化。所以，可以通过竞争企业整体价值的变化求出被评估企业的外部修正价值。

直接计算竞争对手整体价值降低的程度，存在着技术上的难点，因此，笔者尝试提出一种间接计算方法。

如果将被评估企业与其竞争对手看成一个整体，通过找到被评估企业外部修正价值变化和所有企业的价值变化关系，那么就可以求出这个整体的价值。因为此时不存在竞争对手，该整体外部修正价值为零，所以

所有企业整体价值　企业基本价值　内部修正价值

$$= \sum \left(各企业基本价值 \times \frac{竞争产品收入}{企业总收入} \right) + \sum \left(各企业基本价值 \times \frac{竞争产品收入}{企业总收入} \right) \times \left(\frac{100-100}{100} \right)$$

$$= \sum \left(各企业基本价值 \times \frac{竞争产品收入}{企业总收入} \right)$$

（5-20）

内部价值得分之所以为 100，是因为不存在其他企业，企业自身的水平即是平均水平，为 100 分，100-100=0 为内部修正价值得分。

由于在该公式中考虑的是将 100 分作为平均水平，要将所有企业价值转换为平均价值，可用公式表示企业外部修正价值为：

$$企业外部修正价值 = \left[\sum \left(各企业基本价值 \times \frac{竞争产品收入}{企业总收入} \right) / 企业总数 \right] \times \frac{(b-100)}{\frac{100+b}{2}}$$

（5-21）

其中，b 为企业外部价值得分，100 分是其竞争对手平均水平，b-100 为外部存在竞争的情况下，所有企业平均外部价值得分水平。

参 考 文 献

[1] 路艳红. 财务报表分析与财务管理创新发展 [M]. 沈阳：辽宁科学技术出版社, 2022.08.

[2] 郝海霞，李小燕，林锦妍. 财务报表分析 [M]. 天津：天津大学出版社, 2022.06.

[3] 张新民，钱爱民编著. 财务报表分析理论与实务 [M]. 北京：中国人民大学出版社, 2021.

[4] 李亚轩. 财务报表分析与企业经营决策大全 [M]. 北京：台海出版社, 2020.08.

[5] 李楠. 融资融券与财务报表使用者的投资决策行为分析 [M]. 长春：吉林大学出版社, 2020.

[6] 罗娟，宁靖华. 财务报表编制与分析 [M]. 北京：电子工业出版社, 2019.09.

[7] 孙振丹. 财务报表阅读与分析 [M]. 上海：立信会计出版社, 2019.08.

[8] 徐远彬. 互联网对制造企业价值创造的影响研究 基于要素配置视角 [M]. 北京：经济管理出版社, 2022.10.

[9] 岳修，王延龙，纪学春. 成本法下企业价值评估实务 [M]. 南京：江苏人民出版社, 2021.12.

[10] 刘臻著. 资本运营与企业价值评估研究 [M]. 北京：中国国际广播出版社, 2020.09.

[11] 杨芳. 企业价值管理与评估研究 [M]. 西安：西安交通大学出版社, 2020.08.

[12] 王竞达. 互联网企业价值评估研究 [M]. 北京：中国财政经济出版社, 2019.12.

[13] 王鹏. 董事会结构、财务报告稳健性与企业价值 [M]. 西安：西安交通大学出版社, 2019.11.

[14] 王东升. 商业模式、财务战略与企业价值研究 [M]. 北京：中国财政经济出版社, 2018.11.

[15] 赵洁著. 多元化、内部控制与企业价值 [M]. 北京：经济科学出版社, 2018.08.

[16] 王晶晶. 财务报表分析与企业价值研究 [J]. 现代经济信息, 2021（16）：117, 134.

[17] 马良. 基于财务报表的财务分析与企业价值估算 [J]. 中国乡镇企业会计, 2022（6）：63-65.

[18] 吴华英. 企业管理中财务报表分析的价值及实现路径 [J]. 大众投资指南, 2022（22）：3.

[19] 季晓曼. 企业财务报表分析在财务管理中的重要价值 [J]. 质量与市场, 2021（5）：39-40.

[20] 刘梓弘. 财务报表分析在企业财务管理中的价值及运用 [J]. 现代企业文化, 2020（25）：152-153.

[21] 马福栋. 企业经济价值视角下的财务报表分析相关问题研究 [J]. 大科技, 2022（43）：148-150.

[22] 闫栋英. 基于价值角度下的企业财务报表分析体系 [J]. 全国流通经济, 2020（33）：72-74.

[23] 王岩. 探究公允价值对企业财务报表分析的影响 [J]. 中文信息,2020（5）：88.

[24] 吴威廷. 企业价值视角下的财务报表分析体系及改进策略 [J]. 全国流通经济,2020（14）：59-60.

[25] 周薇. 探析财务报表分析在企业财务管理中的价值及运用 [J]. 财会学习,2020（14）：70-71.

[26] 崔维平. 探析财务报表分析在企业财务管理中的价值及运用 [J]. 消费导刊,2020（3）：218.